JN215493

未上場企業への光明

「共存共栄型M&A」の時代が来た

百瀬武文

WAVE出版

はじめに

一九七三年五月、私は東京都昭島市にワイエイシイ株式会社を創設した。創業メンバーは私を含め五人、資本金二二〇万円のスタートであったが、二〇〇七年には東証一部上場を果たした。それから一〇年後の二〇一七年には、売上約三〇〇億円、社員数一〇〇〇人以上までに成長、ホールディングス体制に移行して新たなスタートを切った。

なぜホールディングス体制に変更したのか。その理由を簡単に言ってしまえば、「さらなる成長を可能にするために」ということにほかならない。

ワイエイシイは、成長戦略の一つとしてM&Aを掲げ、積極的に取り組んできた。その結果、増えてきたグループ会社各社の活動をさらに力強く推し進め、新たな未来を拓くための改革の一つとして、ホールディングス化に踏み切ったのである。

M&Aというと、大企業がカネにものをいわせてライバル企業を傘下に取り込んだり、他業界の成長企業を買収するなど、強者が弱者を飲み込む、いわゆる「乗っ取り」のようなイメージが一般的にはあるかと思う。

しかしM&Aの本質は、事業領域の拡大や新事業分野への効率的な進出を加速させる経営手法であり、企業価値を高めるための経営戦略の一つである。

既存事業の強化、近隣業種への拡大、事業再編の対応などを自力で行うとなると、かなり時間を要することになるが、M&Aを行えば、それらを瞬時に手に入れることができる。つまり、「時間を買う」というのも、M&Aの本質といえる。

また、M&Aは買い手側のメリットについて指摘されることが多いが、売り手側にも経営戦略としてのメリットがある。たとえば、事業の継続や安定、事業承継問題の解決、創業者利益の確保などである。

二〇一八年四月時点でワイエイシイグループには、一七の会社が名を連ねている。ワイエイシイ本体から分社化した会社もあるが、多くはM&Aによってワイエイシイグループに迎え入れた会社である。

それらの会社はしっかりした技術力があり将来性もあるのに、一時的な資金繰りや事業承継問題という経営課題に直面しているところがほとんどだったが、M&Aで課題を解決することができた。

　ワイエイシイホールディングスにしてみれば事業規模の拡大につながり、グループに入ってもらった会社にしてみれば経営課題の解決につながったという、いわばM&Aの買い手も売り手もお互いに「WIN WIN」の関係を保ったM&Aである。

　本書では、私が取り組んできたM&Aの実際と、私の経営観や事業観を述べつつ、厳しくなる一方の経営環境のもと、いかにすれば直面する経営課題を解決しつつ隆々と成長し続けられるのか、その一端を述べてみたいと思う。

　本書が、日々経営努力を続ける経営者、経営幹部の方々、また事業の第一線で活躍している方々、そして新たに起業を考えている方々にとって、希望にあふれた「未来へのヒント」となれば幸いである。

未上場企業への光明◉**目次**

第五章 第四次産業革命への挑戦

装　丁　奥定泰之
DTP　小平智也

第一章

「WIN-WIN」の経営戦略としてのM&A

ワイエイシイグループの概要

ワイエイシイグループを理解していただくために、まずグループの概要を簡単に説明しておこう。

現在、ワイエイシイグループには一七の会社が名を連ねている。このうち国内のグループ会社は一一社、海外のグループ会社が六社という構成である。

国内グループの会社の名称と事業内容は次ページに掲げたとおりだが、中には何代か前、あるいは先代から経営を受け継いだ、歴史のある会社も数社ある。

ワイエイシイグループに入る前には、倒産の危機に直面していた会社もあった。そうした会社でも、Ｍ＆Ａを契機に経営努力を重ね、短期間のうちに黒字に転化し、ワイエイシイグループの連結業績に大きく貢献してくれている。

「はじめに」でも指摘したが、事業継続の危機に直面していた会社がこのように立ち直っていることは、Ｍ＆Ａが売り手側の苦境を救う経営戦略の一つであることを示す証拠といえるだろう。

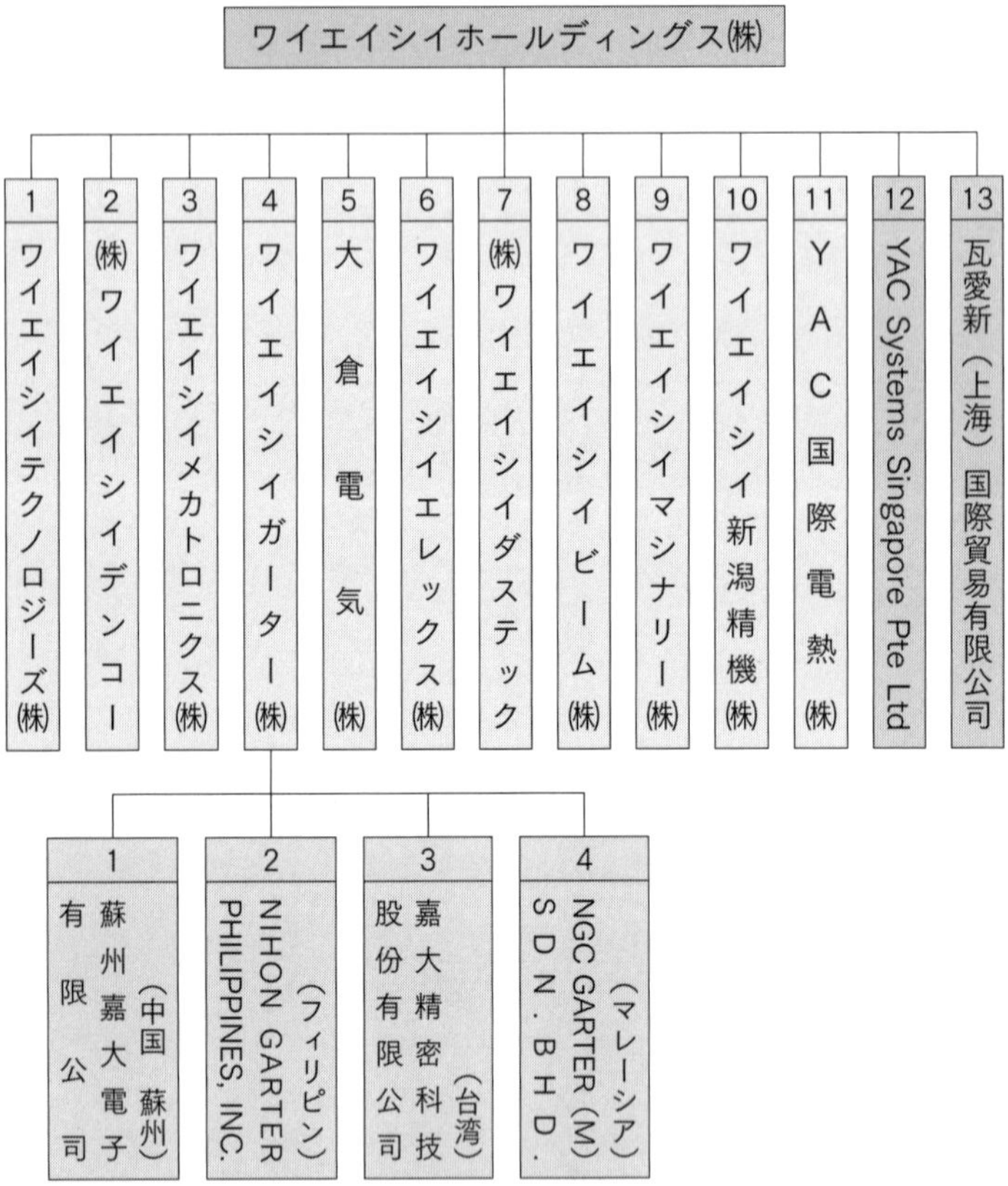

ワイエイシイホールディングスグループ会社	全17社
国内グループ会社	11社
海外グループ会社	2社
海外孫会社	4社

Ｍ＆Ａの本質は共存共栄

さて、改めて言うまでもないが、Ｍ＆ＡのＭは「merger(合併)」、Ａは「acquisition(買収)」を意味している。

「合併」とは複数の企業が一つの企業になったり、同じ持株会社の傘下に入って経営統合したりすることを指す。「買収」は企業や投資ファンドなどが、他企業の過半数の株式を取得して経営権を握る手法のことだ。

Ｍ＆Ａは売り手側と買い手側、双方にメリットとシナジー効果をもたらすものとして、その件数は増え続けている。

ある調査会社の集計によると、国内に本社を置く日本企業が二〇一七年に実施あるいは発表したＭ＆Ａの件数は、買い手二六三〇件、売り手二二三九件。買い手は前年比一八・一％増え、過去最高を記録した。売り手も一九・七％増で、二〇〇六年の二二七二件に次ぐ過去二番目の高水準となったという。

この数字からもＭ＆Ａは日本企業にとって、再編や再生、成長支援や事業承継などに欠くことのできない経営戦略になっているといってよいだろう。
ところが「はじめに」でも述べたように、M&Aには強者が弱者を飲み込み、飲み込まれたほうは親会社の意のままに動かされる、というようなイメージが一般的にはあるようだ。親会社からお目付け役のような形で役員が赴任し、経営判断に大きな影響を与える。部門長も親会社から赴任してきて、小姑《こじゅうと》が箸の上げ下ろしにまで口を出すように、日常の業務の進め方にも親会社のやり方を要求する。社内には重苦しい空気が漂い、社員は委縮して力強い活動ができなくなる……。こんなイメージだろうか。

たしかにそういうケースはあるただろう。しかし、私が思い描くM&Aの姿はそのようなものではない。私のイメージを簡単に言えば、M&Aの本質は力強い事業経営を推進する仲間の拡大、家族の拡大というものだ。買い手と売り手に、お互いの共存共栄の関係をもたらす経営戦略といってもよい。

じつは本書を上梓するいちばんの目的は、来るべき第四次産業革命に対応する新時代の経営戦略の一つとしてM&Aをとらえ、私自身の経験と信条を基盤とした生産的で人間的なM&Aの在り方を広く伝えたいという点にある。

M&Aには相互に多くのメリットがある

何事にもよい面があれば悪い面がある。Ｍ＆Ａにもメリットとデメリットがある。
Ｍ＆Ａのメリットとしては、一般的に次のようなことが挙げられる。

買い手側のメリット

・連結化による事業規模の拡大
・既存事業のシナジー効果
・新事業への参入
・連携による技術力の向上
・お互いに刺激を受け合うことによるグループの活性化

売り手側のメリット

・事業の継続

・従業員の雇用の確保
・取引先、金融機関等の信用回復
・後継者問題の解決

一方、デメリットやリスクには、買い手側には売り手企業との融合がうまくいかないこと、想定していたシナジーが生まれないことなどが挙げられる。

売り手側にも、企業文化の違いにより社内に混乱を招いたり、買い手による雇用・労働条件の変更、取引先の反発などが考えられる。

これらのデメリットやリスクには、人間関係や社風、制度面など、M&Aを行う前の摺り合わせや、M&A後の調整によって比較的容易に解決できるものが多い。

デメリットやリスクのほとんどが、経営者自身の努力で改善できることを考えれば、M&Aは売り手側も買い手側も、相互に多くのメリットを享受することができる経営戦略であるといえる。私はM&Aのこの点に着目し、積極的に取り組んできた。

繰り返すが、M&Aの本質は一般的にイメージされるような「乗っ取り」ではない。買い手側も売り手側も双方が力を合わせることにより、お互いにそれまで以上に活性化していくことこそＭ＆Ａの目指すところなのである。

私がＭ＆Ａは「ＷＩＮ－ＷＩＮの手段」と断言する理由は、まさにこの点にある。

双方にメリットが大きい株式交換によるＭ＆Ａ

私が特に推進しようとしているＭ＆Ａは、株式交換によるものだ。Ｍ＆Ａに何を求めるかは相手の業種や事業規模など、そのケースによって当然異なるが、究極的な目的は、株式の交換によってワイエイシイグループの一員になってもらい、お互いに成長を目指していくことである。これはどの場合にも変わらない。

さて、なぜ私がＭ＆Ａの手法として株式交換に注目しているかだが、それは株式交換が買い手側にも売り手側にも、もっともメリットがある手法だと思うからである。

株式交換によるＭ＆Ａの買い手側にとっての最大のメリットは、「現金を準備する必要がない」という点だ。

対価として現金を用いる場合、買い手は負債比率が増大してしまう。しかし、株式交換であれば新たに株式を発行するだけで済み、現金を準備する必要がない。巨額の企業買収になればなるほど、このメリットは大きくなる。

売り手側のメリットとしては、株式交換で取得した株式が、株式市場で流通している株式、つまり上場企業の株式であれば換金性が高く、容易に現金化できる点だ。

場合によってはその後の株価の値上がりも期待でき、売り手側の経営者が自社株を多く保有していれば、株式交換で得た株式を売却して、さらに多くの現金を得られる可能性もある。いわゆる「創業者利益」だ。

売り手側が未上場企業の場合、銀行から借入を行う際、社長が個人で連帯保証人になることが一般的だ。しかし、上場企業のグループ会社になると、銀行の判断にもよるが、連帯保証人にならずに借入が可能になることも期待できる。

また売り手側が何らかの要因で経営的に苦しい場合、その会社の株式は「紙くず」になってしまう可能性がある。売り手側の株式を持っている社長、社員（持株会）、銀行、ベンチャーキャピタルなどにとっては、紙くずになるかもしれない株式が「安全な株式」に交換されるのだから、誰もが安心するだろう。

もちろん買い手側に株式の希薄化が起こることなどはあるが、それらを考慮しても、株式交換におけるM&Aは、買い手側売り手側、双方にとってメリットのほうがはるかに大きいといえる。まさに「ＷＩＮ－ＷＩＮ」のＭ＆Ａ、共存共栄のＭ＆Ａだと私は確信している。

売り手側にとって魅力的な上場企業とのM&A

Ｍ＆Ａには上場企業同士、上場企業と未上場企業、未上場企業同士、この三つの組み合わせが考えられる。私はこの三つの組み合わせの中で、売り手側にとってもっともＭ＆Ａのメリットが得られるのは、上場企業と未上場企業の組み合わせではないかと常々感じている。

なぜなら未上場企業が上場企業とのＭ＆Ａによって、グループ会社の一員となった場合、あたかも上場したのと同じようなメリットを受けられるからである。

その理由を説明する前に、株式の上場とはどういうことなのかについて、簡単に触れておこう。

株式を上場するということは、株式が証券取引所で自由に売買されるようにすることである。つまり株式の上場とは、会社が創業者個人の手を離れ、社会一般の公のもの、つまり「社会のもの」になることを意味する。
そのメリットはいくつかあるが、一般的には次の七つが挙げられる。

・社会的な信用が高まる
・資金調達手段が多様化し容易になる
・知名度がアップする
・それによって優秀な社員を集めやすくなる
・健全な経営体制を実現できる
・社員のモチベーションが高まる
・創業者利益を享受できる

もちろん、メリットがあればデメリットもある。上場の準備に時間と費用がかかる、上場継続のために費用がかかる、情報開示の義務が伴う、不特定多数の株主の出現により買収リスクが増す。これらがデメリットとして考えられる。

しかし株式上場は、デメリットよりもメリットのほうがはるかに大きいのである。

多くの企業が株式の上場を目指している理由は、まさにこの点にあるのだ。

これが多くの企業が株式の上場を目指す理由だが、上場するには時価総額、利益額、株式数と株主数など、いくつかの条件を満たし、さらに厳しい審査もクリアしなければならない。上場企業の信用度が、未上場企業のそれとは比較にならないほど大きなものであるのは、こうした条件をクリアしているからだ。

また、上場準備には費用と時間もかかる。これによって、上場をあきらめてしまう会社も少なくないのである。

しかし、未上場企業が上場企業とのＭ＆Ａによって、グループ会社の一員になると状況は一変する。

Ｍ＆Ａによってグループ会社の一員になると、その会社自体が上場するわけではないが、自動的に上場企業と同様のメリットを享受できるようになるからである。

私が、売り手側がもっともＭ＆Ａのメリットが得られるのは、上場企業と未上場企業の組み合わせであるという理由はこのためである。

ワイエイシイホールディングスは東証一部に上場している。ワイエイシイホールディングスとのＭ＆Ａによってグループ会社になった未上場企業でも同じことが起きている。次項ではワイエイシイホールディングスとのM&Aの具体的な例を引きつつ、資金調達と人材育成についての実例を紹介していこう。「上場企業のグループ会社になることのメリット」を理解していただけると思う。

「上場企業の信頼」が波及して容易になった資金調達

以前、自社を上場させた経験を持つある経営者がこんなことを言っていた。

「銀行を訪ねたとき、上場前と上場後の態度の違いで、上場のメリットを如実に実感した。上場前に融資を頼みに行ったときは、けんもほろろという態度をとられたが、株式を上場したとたんに、これまでにない丁寧な対応を受けた」

と言うのである。

ワイエイシイホールディングスとのM&Aによってグループ会社になった会社の中にも、同じようなことを経験した社長がいた。

「銀行の応接室など入ったこともなかったが、ワイエイシイのグループ会社になってから銀行を訪ねたら、初めて応接室に通された」

と笑うのだ。

くどいようだが、その会社自体が株式を上場したわけではない。「上場企業のワイエイシイホールディングスのグループ会社になった」ということで、あたかも自社が上場したのと同じような待遇を金融機関から受けたというのである。

またある社長はこんなことを感慨深げに聞かせてくれた。

「資金調達がＭ＆Ａ以前よりスムーズに運ぶうえに、金利もワイエイシイと同じ条件だった」

と目を丸くして言うのである。

これらは上場企業としてワイエイシイホールディングスが享受している「社会からの信用」を基にした資金調達の容易さが、グループ会社にも波及した好例である。

企業にとって資金調達は最重要課題の一つだ。好条件で必要とする金額の資金調達ができれば、事業規模の拡大、新たな市場の開拓に対する可能性が広がることは言うまでもない。

資金調達のハードルが低くなることは、上場企業のグループ会社の一員になって得られる大きなメリットの一つなのである。

社員のモチベーションが高まり、「人財」が育つ契機になる

未場企業が上場企業とのM&Aによってグループ会社になった場合、社員のモチベーションアップという点においてもメリットは大きい。

昔から「事業は人なり」といわれる。企業の継続的な成長のためには、優秀な人材を採用し育成することが不可欠だ。資金も技術も重要だが、結局、企業というものは人で成り立っているからだ。

最近では「人こそが企業の財産である」という考え方が定着し、「人材」ではなく「人財」という言葉を使って、以前にも増して「人財育成」に関心が集まっている。

中小企業では、大卒の新入社員を定期採用するのは、好景気のときでさえなかなか難しい。その点において「社員」を「人財」に育て上げていく必要性は、大企業以上に重要だ。

しかし、「馬を水辺に連れて行くことはできても、水を飲ませることはできない」というたとえ話があるように、会社がいくら人財育成に熱心に取り組んでも、人財た

るべき社員に「その気」がなければどうすることもできない。

ところが、Ｍ＆Ａによって上場企業のグループ会社になると、この点においても効果が期待できるのである。

昔と違って働く者が持つ組織への帰属意識は薄れたというものの、それがまったくなくなったわけではない。自分が勤務している会社、自分が学んだ高校や大学が有名であったり優秀であれば、そこに帰属していることに価値を見出す。それが人情というものだ。

その意味で、自分が勤務している会社が上場企業のグループ会社の一社ともなれば、社員の意識がプラス方向に変化することは想像に難くないだろう。

言い方は悪いかもしれないが、未上場企業の一サラリーマンが、上場企業のグループ会社の一員になるのである。

社員はそれまでには味わったことのないプライドを実感するだろう。そのプライドは「やる気」をダイレクトに刺激し、仕事に対してポジティブになる。ポジティブになれば、自らの能力開発にも積極的に取り組むようになる。

「心が変われば行動が変わる。行動が変われば習慣が変わる。習慣が変われば人格が変わる」というが、これと同じような変化が生まれるのである。

実際、私はワイエイシイがM＆Aをした会社で、こうした社員の変化を目の当たりにしてきた。

また、こんな話を聞かせてくれたグループ会社の社員もいた。

「ワイエイシイのグループ会社に勤務していると言ったら、住宅ローンが借りやすくなった」

笑い話のようだが実話である。

事実、社員は経営の安定によって私生活においても安定した生活設計を描きやすくなる。一人ひとりの将来が明るくなれば、社員の心が一つになっていくことは言うまでもない。

このように上場企業のグループ会社の一員になることは、社員一人ひとりのモチベーションアップを促す。これもM＆A効果の一つだ。

なぜワイエイシイはM&Aをしても社長を送り込まないのか

前項と前々項ではＭ＆Ａのメリットの具体例を紹介したが、もう一つ、ワイエイシイならではのＭ＆Ａの特徴を述べておこう。

それは、ワイエイシイは一般的なＭ＆Ａとは違い、Ｍ＆Ａを行っても私がグループ会社の会長に就くだけで、基本的にはＭ＆Ａ以前の社長、役員を交代させることがないという点である。

一般的なＭ＆Ａでは経営トップや役員が、買い手企業から来た人間に切り替わるというケースが少なくない。経営が行き詰まった会社が買い取られた場合は、むしろそれが通常の姿だろう。

しかし、それが原因となって社内に混乱が起こり、最悪の場合は優秀な人材が外部に流出するという結果を招いているのも事実だ。

長く事業経営に携わる中で私がそういう姿を数多く見てきたからというわけではないが、ワイエイシイでは、Ｍ＆Ａ後も原則としてトップも役員もそのまま経営を続行してもらうことにしている。なぜなら、私の経営観の一つに「信じて任せる」という方針があるからである。

この方針は私が事業を始めたときから変わっていないが、これまでワイエイシイが行ってきたM&Aの相手企業は売上三〇億円未満の会社が多く、その規模の会社は社長個人の能力と人間性で成り立っていることが多いこととも深く関係しているといえる。

というのは、会社で最も仕事のできる人間は社長自身で、会社の価値を決定するのは社長の力量。長く社長を務めてきたのだから、技術と知識も持っている。つまりは「餅は餅屋」で、素人が社長をしても形ばかりの社長に過ぎない。そう私は考えているからだ。

だから、資金繰りに奔走するばかりで、経営状態を悪化させてしまった社長であったとしても交代させることはない。

こうしたケースの多くは、社長が資金繰りに奔走せざるを得なかったので、社長が本来行うべき経営という仕事に腰を据えて当たることができていなかったというのが実情なのである。

ならば、ワイエイシイとともに資金繰りの問題を解決する方策を立て、その社長が仕事に集中できる環境を作り出せば、社長は資金繰りに追われていた時間を本来の仕事に充当することができるようになる。

社長が陣頭指揮を執り仕事に専念すれば、会社の雰囲気は一変する。会社の雰囲気が一変すれば、会社のパフォーマンスは上がり、業績は改善する……。こういう好循環が生まれるのは当然だろう。

社長が本来の仕事に取り組む時間を取り戻せば、社内に活気が甦《よみがえ》り、社員の士気は一気に高まる。私はそうした変化を何度も目の当たりにしてきた。

しかし新しい社長が乗り込んでくるということになれば、「リストラされるかもしれない」「配置転換は覚悟しよう」などと、社員は気が気ではなくなり、仕事が手に着かなくなるだろう。

反対にＭ＆Ａ後も「社長の交代はなし」とわかれば、社員は気心の知れた社長のもとで、これまでと同じように安心して仕事に専念でき、落ち着いて物事を考えることもできる。

むしろＭ＆Ａで経営は安定するので、社員にしてみれば、ワイエイシイグループの一員として頑張っていこうという思いも生まれてくるというものだ。

私がM&A後に、社長を交代させないのは、こうした理由によるのである。

厳しく要望するのは利益の追求だけ

M&Aをしても、できるだけ買収先の経営トップを交代させない。これが私の方針であることは、述べたとおりだ。私は代表取締役会長という立場には就くが、一つひとつの経営施策には口を挟まない。

しかし、一つだけグループ各社の社長に対して、強く要求していることがある。それは利益の追求である。これもまた私の方針だ。

そもそも企業というのは、上場企業であろうが未上場企業であろうが、規模の大小、業種を問わず、利益を生み出さねばならない存在なのだ。

私が強くこう考える背景については後で詳しく述べるが、商品一つ運搬することを考えても、公共の道路を使うわけで、それを維持補修していかなければならない。この一点においてだけでも企業として社会に応分の負担をすべきであり、そのためには利益を生むことが必須だからである。

しかし残念ながら、親から受け継いだ会社だから、将来性を感じられない業種だからなど、理由はさまざまだが、経営者でありながら利益の追求に対して真剣みが感じられない経営者を見かけることがしばしばある。

私がＭ＆Ａを行ってきた会社の中にも、黒字を生み出し、事業規模を拡大していこうという事業家としての精神に欠け、どこかぬるま湯的な体質を感じさせる社長もいた。

もし創業社長でありながら利益の追求に熱心でないなら、経営者としての資質に欠けると非難されても仕方ないだろう。

企業の盛衰は一にも二にも社長にかかっている。私は、Ｍ＆Ａでグループ会社の一員になった会社の経営トップには、ぬるま湯的な体質から脱却して、これまでの経営意識を根本から変えてもらい、徹底的に利益の追求に取り組んでもらうことを要求している。

トップの利益に対する意識と、利益を上げることへの執念。これが厳しい経営環境の中、企業が生き延びていく条件のすべてといってもよいだろう。

M&Aで後継者問題も解決できる

ワイエイシイは最近の一七年間で一四件のM&Aを行ってきた。毎年のようにM&Aを行ってきたわけだが、二〇一四年がいちばん多く、この年だけで三件行った。今後もこのペースで、積極的に行っていきたいと思っている。

日本の企業の抱える最大の悩みの一つは後継者不足である。これは数字にも出ており、二〇一六年に廃業した会社のうち、じつに社長が七〇代以上の会社が約四二%にも達している。

培った技術を残したいという思いは強いが、適当な後継者がいないので、やむなく廃業、解散せざるを得ない会社が少なくなく、経営者の悩みの種になっているのである。

後継者不在の問題をM&Aで解決しようという傾向がある一方で、とくにたたき上げの創業社長の中にはM&Aを拒む人が少なくない。「自分が立ち上げた会社だから他人には売らない」「売るくらいならば自分で閉じる」というわけだ。そういう社長には職人気質《かたぎ》の人が多く、「自分の会社」という意識が強いのである。

しかし、その規模の大小にかかわらず、法人化すれば会社は公的な存在だ。従業員の生活、取引先にかかるであろう影響を考えれば、自分のこだわりだけで廃業してしまうというのはいかがなものかと思う。長年にわたって培ってきた技術やノウハウの伝承といった面でも、考え直す必要があるだろう。

後継者がいない、発展性がない、夢がない……、いわゆる中小企業がこうした「ナイナイづくし」の中にある辛さは、脱サラをして創業した私も理解できる。だからこそ私は、そうした経営者に未来につながる出口戦略の一つとして、Ｍ＆Ａを真剣に検討してみてはどうかと思っている。

ワイエイシイが考えているＭ＆Ａの本質は、共存共栄だ。グループ会社の一員になったからには、変えるべきは変えてもらい、スピード感を持って取り組んでもらっている。

それぞれの会社には、それぞれの個性がり、それぞれ存在意義がある。個性を活かしつつ、グループ会社の一員として意義ある活動をしていくことは決して矛盾するものではない。

「この会社は自分が築いてきた」という誇りは尊いが、一代で終わらせてしまうことで生じる社会的損失を冷静に考えてほしい。

資金調達、後継者問題の解決など、M＆Aのメリットはいろいろあるが、私企業的色彩の強い中小企業を公企業にステップアップさせるという側面もある。

公企業にステップアップすれば、技術が残り、社員を路頭に迷わせることもない。社会の財産としての技術を次代に伝えること、社員の生活を守ること、これらも立派な社会貢献であり、これを実現したとき、経営者としてもっとも幸せを感じるのではないだろうか。

創業二三年目にして初めてM&Aに取り組む

ここでこれまでワイエイシイが行ってきたM＆Aの実績をまとめておこう。

ワイエイシイはグループ会社一七社を擁しているが、これまで一四件のM＆Aを成功させてきた。そのうち何社かはグループ内の会社の一部に再編したり、社名変更などを行ったが、事業自体は現在も継続し、社員はリストラをされることもなく働き続けている。

最初のＭ＆Ａは一九九六年、ワイエイシイが創業二三年目にして初めて赤字を出したことがきっかけになっている。

会社の成長のために二つの投資を行ったが、これに見事に失敗してしまい、赤字を出してしまった。それでも成長を追い求める中で「これだ！」と思ったのがＭ＆Ａであった。当時は企業の統合がブームになりつつある時期でもあった。

具体的には、二〇〇〇年四月に株式会社プラズマシステムと合併したのが最初のＭ＆Ａであった。

プラズマシステムとの合併は、成長のためのＭ＆Ａを考えている中で、先方のトップから救済の申し出があり、それを受け入れるかたちで進んだ。合併に際しては株式交換を行ったので吸収合併となり、プラズマシステムは会社としては消滅したが、社員も事業もワイエイシイの中に組み込まれたので、社員が生活に困ることもなく、得意先に迷惑をかけることもなかった。経営的にもすぐに黒字転換した。

また、その年の七月にはワイエイシイの半導体事業への取り組みの一つとして、大手商事会社から半導体事業の買収も行った。

新規事業展開の一つとして挑戦したM＆Aであったが、グループ全体としてV字回復を実現し、二〇〇一年三月決算では、売上一〇〇億円を突破、ワイエイシイは念願の「一〇〇億円企業」の仲間入りをすることになった。

その後も、二〇〇一年一〇月には富士洗濯機株式会社からクリーニング事業の譲渡を受け、二〇一七年二月には大手電機メーカーのグループ会社からイオンビーム応用装置事業の譲渡を受けるまで、一七年間で一四件のM＆Aを行ってきた。

この間には一年に数件行った年もあれば、合併、事業譲渡などケースもいろいろだが、事業拡大と新事業への進出にはこれに優る手法はないと確信していたので、M＆Aを積極的に推し進めていこうという方向性に変わりはなかった。

現在ワイエイシイホールディングスでは、さらなる株価の上昇と、それを可能にする営業利益の拡大を目標に事業を推進しているが、これまでのM＆Aは、今後のM＆Aのいわばリハーサルととらえ、本番はこれからだという意気込みでいる。私も気持ちをひきしめて、新たな段階に向かっていくつもりだ。

M&Aの相手は、データと経験と度胸で見極める

ホールディングス体制のメリットは、持株会社がグループ全体の意思決定行うので、経営判断が迅速化され、効率的な会社運営が促進されることだ。時々刻々経営環境が変化する現代においては、好都合な経営体制といっていいだろう。

それと同時に、グループという大きな集合体なので、多くの頭脳と経験が入り混じっている。ここから思いがけない化学変化が起こることが期待できる。

個々の社員にとっても、ホールディングス体制は成長のためのチャンスをつかめる環境になる。つまり、もう少し違った仕事や働き方をしたいと望むなら、グループ内のほかの会社へ移ることも可能だからだ。

最近は転職を経験するサラリーマンは珍しくないが、それでも定年まで一つの会社に骨を埋める人は少なくない。ことに中小企業に勤務するサラリーマンの多くは、一人の社長に一生仕えるかたちになりがちだ。

しかし、グループ会社の社員であれば、本人の向上心と挑戦心次第でキャリアを途

切れさせることなくキャリアアップしやすくなり、働き方の選択肢が広がるというわけだ。

M&Aでワイエイシイのグループ会社になったある会社の社員がこんなことを言っていた。

「これまではオーナー社長の顔色を見ながら働いていたが、ホールディングスから大きな方針が示されるようになったので、それもなくなり、逆に仕事がスムーズにできるようになった」

と言うのである。これは一例だが、M&Aによりワイエイシイグループの一員となることが、こうした解放感を各社に与え、職場を明るくするのに一役買っているのは確かなようだ。

これまでのM&Aの対象の企業は、銀行や証券会社など金融機関の紹介による、いわば「お見合い」が主だったが、これからはワイエイシイホールディングスから打って出ようと準備を進めている。

私がつくづくもったいないと思うのは、株式の上場を目指しながら、景気の変動やその他の事情で、あと少しの跳躍力が不足し、寸前で断念せざるを得なかったという企業が数多くあることだ。

たしかに株式の上場には費用と時間がかかる。上場審査手数料・年間上場手数料・証券事務代行費用・会計監査費用などの諸費用が三億～五億円はかかるし、マーケットにもよるが、三期連続黒字が条件であり、短くても三～五年の歳月を要するのが一般的だ。

また、外部環境の変化による場合も含めて、途中で赤字になってしまったときは、最初からやり直しである。

これが足枷《あしかせ》となり株式上場を断念してしまう企業があり、証券会社のデータベースには万単位でこのような企業情報があるともいう。

こうした情報をもとに、新しいパートナーとしてワイエイシイに相応しいと思う会社をリストアップする作業に入っている。

上場直前まで行った会社は、それなりの業績や信用度を有しているだけではなく、内部体制も整えられているので、おそらくＭ＆Ａの交渉はスムーズに流れると思う。

株式上場を念頭に置いている会社が、東証一部上場企業であるワイエイシイホールディングスと手を組むと、上場会社と同じような効果を得ることができる。低利での融資を受けることができる、社員の手持ちの自社株式が一部上場株式に「格上げ」されるなど、メリットは計り知れないことは、前に述べたとおりだ。

M&Aの成否は、「誰と組むか」にかかっている。私は、その会社の将来性と年商三〇億～一〇〇億円の規模を判断のポイントにしている。

中でも将来性に関しては、トップとの面接はもちろん、念入りな調査が要求されるところだ。その見極めは過去のノウハウ、データなどで総合的に判断するのだが、最後の決め手は私自身の「カン」と「経験」と「度胸」だ。これはAIでは絶対にできない話だ。

「幸せなM&A」が日本の未来を創る

平成三〇年二月一日付の日本経済新聞の一面に「M&A　自社株活用」「法改正新興主導　再編促す」という文字が躍った。まさに私が本書を執筆しているときだった。

記事を要約すると、政府は自社株を使ったM&Aで売り手に入る売却益に対する課税を優遇するなどの法改正をしようとしている。その目的は、中小ベンチャー企業の再編と事業継承を含めた中小ビジネスを政府が後押しし、日本経済の活性化と新陳代謝を促進させるのが狙いだという。私はこの記事を読んで、自分が主張してきたことが間違っていなかったと確信した。

繰り返して言うが、私はＭ＆Ａは共存共栄を実現する経営手段だと認識している。したがって、買い手側も売り手側も立場は対等であり、ギブ・アンド・テイクの関係であり、Ｍ＆Ａ後、両者は「ＷＩＮ－ＷＩＮ」を味わえるようでなければならないと考えている。

私のこの考え方に少しでも共感するところがあれば、実際にＭ＆Ａを行った場合のことを想像していただきたい。会社の存続と社会貢献、社員の幸せを実現する一つの手段がＭ＆Ａなのである。

私は、Ｍ＆Ａは単に事業規模や売上の拡大を目的とするものではなく、さまざまな経営課題を解決する経営戦略ととらえている。

その意味で、Ｍ＆Ａは企業にとって「未来への道を開く鍵」といってもよく、近い将来に直面するであろう第四次産業革命に備えて、これまで以上に積極的にＭ＆Ａに取り組んでいく覚悟だ。

私は「幸せなM&A」が広がることが日本の未来を創ると思っている。一人でも多くの人に賛同してもらえることを願うばかりである。

本章では、私が考えるM&Aの本質ともいうべきものを述べてきた。

繰り返すが、中小企業は社長の能力と人間性で成り立っているものだ。ならば、たとえ一時的にしろ慢性的にしろ経営状態を悪化させている要因をM&Aによって排除し、社長が本来の仕事に最大のパフォーマンスを発揮できるような環境を整えれば、状況が一変するのは当然なのだ。

だから、私はM&Aをしても、社長交代をしたりはしない。下手に交代して、その会社に馴染みのない人間がトップに就けば、社内の士気低下を招きかねないからだ。

「企業は人なり」なのである。

ただし、利益の追求だけには貪欲に、積極的に挑戦してほしい。それが「社会のもの」として会社が存在し続ける最大の条件だからである。

M&Aはさまざまな経営課題を解決するとともに、買い手も売り手もともに共存共栄していく手段である。その意味で「幸せなＭ＆Ａ」が日本の未来を切り開いていく。
私はそう考えている。

コラム　ワイエイシイと共存して①

ワイエイシイガーターの前身である日本ガーター株式会社の創業は一九四四年。創業者の鈴木源良氏は独創性に富んだ技術者で、戦後に世界初となる「ガーター編み機」を考案し、国内に一大ブームを起こした。編み機に関する特許を一〇〇件以上取得し、日本の編み機の発展に大きく寄与した人物だった。

一九九四年、創立五〇周年を機に、二代目代表取締役に就任した久保進氏は一九七一年に技術者として入社し、主要製品の開発に携わった。一九七九年には世界初の、エンボスキャリアテープの開発に成功。エンボスキャリアテープとは電子部品の搬送用容器のことで、これにより携帯電話などの量産システムが可能になった。その後、キャリアテープのポケットに電子部品を検査包装するテーピングマシン、LED分類機などを開発し、モノづくり日本の一翼を担った。製造業の圧倒的多数が受注型であるのに対し、ワイエイシイガーターは開発型製造業として発展、フィリピン、中国、マレーシア、台湾、韓国にも製造・販売の拠点を持つ。しかし二〇一一年から業績が悪化し、倒産寸前まで追い詰められた。二〇一五年七月、ワイエイシイのグループ会社となり、ワイエイシイガーター株式会社として、新たなスタートを切った。

モノづくり精神に利益追求心を注入

ワイエイシイガーター株式会社
代表取締役社長　久保進

「過去最高の業績」が招いた倒産危機

前身の日本ガーターは伝統的にモノづくりにこだわりを持つ人材が多く、ある面、採算を度外視しても品質の精度追求にのめりこむ傾向がありました。その分お客さまの満足度は高く、経営も堅調で比較的安定した状態が続いていました。その状態を根本から覆すことになったのが、二〇一〇年の年間売上一〇六億円、経常利益六億円という過去最高の数字でした。それまでは年商五〇億円程度で推移していたので、倍以上の売上を一気にたたき出したわけです。

ちょうどテレビのバックライトが蛍光管からLEDに移行する時期で、世界的にLED需要が高まりました。日本ガーターでは、LEDの光学的・電気的な特性を検査、測定するLED関連装置を年間五〇〇～六〇〇台販売していましたが、その年は一二〇〇台も売れました。工場は昼夜なく、土日もないという混乱状況です。人を増やし、設備も増やし、土地も広げ、必死でモノづくりに対応する日が続きました。

ところが、LEDそのものが改良されると、テレビ一台に一〇〇〇個以上必要だったのが、一〇〇～二〇〇個で十分になりました。LED需要が減った分、自動分類機の需要も減ってしまいました。われわれはなすすべもなく、この変化を見ているしかありませんでした。売上は二〇一一年に六五億、翌二〇一二年五〇億と一気に半減。投資をした分、固定費が増大していたので、それが利益を食いつぶし、赤字に転落しました。

悪いことは続くもので、それ以降、製品開発も市場開拓も結果を出せないまま尻すぼみになりました。希望退職者を募りもしましたが、退職金の原資が枯渇して思うようなリストラもできませんでした。

結果、一四億の累損、借入は三五億に膨れ上がり、二〇一三年度からは昇給停止、賞与もなしという対策を取らざるを得なくなりました。「日本ガーターが危ない」という風評も流れ、さらなる悪循環を招いていったのです。

緊急事態を乗り越えるため、金融機関に返済延長を要請しました。大半の金融機関から理解をいただきましたが、一行だけ「ノー」と言う銀行がありました。何度説明し、お願いしても、頑として首を縦に振ろうとしない。態度やものの言いようも強硬で、ほかの金融機関が私に同情してくれるくらいでした。

しかし、社長である自分が作った借金です。社長の責任として絶対に返済しようと決めていました。苦労したのは、年四回、全行を前にして経営状況を説明するバンクミーティングです。頑なその一行のため、話はまったくまとまりません。このままでは倒産は確実。銀行対策と資金繰りのため、本業に専念できない日が続きました。

それまで本格的な危機を体験したことはなかったので、どう対処すべきなのか、知識と経験が足りなかったと今は感じています。そうした中、日本ガーターに好意的な銀行から、M&Aを打診されました。その相手がワイエイシイでした。

難産だったM&A

百瀬会長と初めて会ったのは、二〇一五年一月のことで、日本ガーターの強みである金型技術と精密技術の融合というところに魅力を感じてもらったようです。

しかし五億一〇〇〇万円ほどある債務超過が災いし、ワイエイシイの役員会では反対意見が出てすぐにはまとまりませんでした。三回ほどはねられた末、百瀬会長の強い意志で、六月の役員会でようやく承認されました。

債務超過なので、日本ガーターの株価はゼロとなります。株主には大変申し訳ないことでしたが、何度も頭を下げ、やっとのことで全員からワイエイシイの子会社になることに了解をいただきました。こうして二〇一五年七月、M&Aが成立しワイエイシイグループの一員となりました。

M&Aの後は、ほとんどの銀行対応はワイエイシイ本社を通したものとなり、私はバンクミーティングや借入返済のプレッシャーから解放されました。これでようやく本来の仕事に専念できる喜びを感じました。

利益確保のため仕組みと意識を変える

日本ガーターの創業者である鈴木源良は温厚な人物で、「利益」という言葉を声高に発していたところを見た記憶がありません。創業者が作った「逆境たりともひるまず　順風なれどもおごらず」という社是にも人柄が表れていると思います。

日本ガーターはそういう社風でしたので、M&Aによりワイエイシイグループの一員となって、百瀬会長から「利益が第一。利益を出さないのは社会悪である」と言われたのは、ちょっとしたカルチャーショックでした。

最初は「こんな考え方をするのか」と、発想の違いに驚きましたが、一種のショック療法だったのでしょう。競争の厳しい時代、伝統的な平和主義ではやっていけないことが社内に徐々に浸透し、利益追求という命題を日々考えるようになりました。

利益を出すにはどうすればよいか。利益追求の観点からみると仕事の手順や会社の仕組みに改善すべき点が多々見えてきました。

その改善の一つとして、毎月の受注目標と受注実績、粗利《あらり》などをグラフ化し、目で見て進捗がわかるように「見える化」を実施しました。これを見て、社長以下経営幹部で目標値と実績の差を埋める対策を練ることになりました。

毎月の全員朝礼では、私が社員全員を前に目標に対する進捗度を発表し、売上と利益確保の意識付けを図るように努めています。利益を生み出すための戦略を説明してワイエイシイの「全員経営」の精神を共有するようにしています。

また、利益管理ラインという仕組みを設けたことも新たな試みの一つです。社長と現場の間に管理部を設け、プロセスの管理を行うことで利益を生み出す体質に変えようというのが設置の狙いです。

M＆A以前は結果集計のみで途中経過の管理はしていなかったのですが、この仕組みによって、百瀬会長がおっしゃる利益確保の実現を目指しています。

部長会もこれまでは単なる報告会だったものを、利益追求のための検討会に変えました。毎月の経費の検証、残業管理など、具体的な案件を俎上に乗せます。これらの改革は、海外の工場にも経営状況の把握を深めるという効果をもたらしました。以前は、月次の収支が黒字になったり赤字になったりの繰り返しでしたが、現在は黒字の月が赤字の月を上回るようになりつつあります。

部門の体質改善が進む中、今後は社員個々人の意識変革に取り組んでいきたいと考えています。ワイエイシイガーターの「一〇年後のビジョン」では、役員の経営力、部長会の管理力、全員の仕事能力を高めるという目標を掲げ、ワイエイシイガーター全体の地力アップを狙っています。

百瀬会長からは、事あるごとに「結果がすべてだ」と指導されています。子会社になる前は、会社がどんなふうに変わるか、ずいぶん不安がありました。しかし、利益追求に対する厳しさを除けば、事業も人事もM＆A以前の形を継続させてくれるし、決定の自由度も守ってくれる。一緒に会社を変えていこうという姿勢の持ち主なので、目標が明確になった分、社内にまとまりが生まれてきました。

M＆Aの結果、経営陣が安心して事業に専念できるようになったので、もともとガーターが持っていた確かな技術力に加え、ワイエイシイの利益追求の考え方の浸透によって、翌年の二〇一六年には四億の黒字を計上、V字回復しました。その後も順調に売上を伸ばしています。

モノづくり精神に利益追求の意識が注入され、新生ガーターへと生まれ変わる途上ですが、社長を務める私だけでなく、社員もよきパートナーに恵まれたと喜んでいると思います。

コラム　ワイエイシイと共存して②

電気通信機械器具、精密機械器具の製造販売を主軸にした大倉電気株式会社が創業したのは一九三三年。一九六二年に東証二部に上場、一九八六年には資本金約二三億円で東証一部に上場を果たした。しかし、二〇〇一年には自主再建による民事再生という苦い経験もしている。二〇〇四年、埼玉県坂戸市に本社を移転、同地に工場も新設した。二〇一三年一一月にワイエイシイの株式取得によるM&Aでグループ会社の一員に。東日本大震災後、事業が低迷した時期もあったが、連結子会社となるや黒字に転換した。

創業者は、現社長である大倉章裕氏の祖父。二〇一五年に大倉章裕氏が七代目として代表取締役社長に就任した。アメリカの大学で経営学修士課程を修了している現社長は、帰国後スイス系銀行の東京支店に勤務の後、一九九六年に大倉電気に入社。営業職を中心に複数の部門を経験しながら会社の動きを見つめてきたという。

技術力と顧客密着を成長のカギとして

大倉電気株式会社
代表取締役社長　大倉章裕

ワイエイシイグループの一員に

ワイエイシイとのM&Aは、当時の経営トップが決断しました。

当時、私は工業計器事業部門の責任者をしていましたので、その詳しい経緯は把握していませんが、その頃の会社の様子から推し量ると、早晩経営基盤は危うくなり、何らかの手立てを講じる必要性があると感じていました。

最大の問題は経営トップを含む株主の高齢化です。当時の大倉には七~八人の株主がいたのですが、株主に万が一のことが起きれば、株の分散が生じてしまう事態が予測されていたのです。会社としての主体性が取れなくなることから、経営基盤を揺るがす状況となることが予測されました。

会社を安定的に存続させるために、再上場に挑戦する、スポンサーを探す、この二つの手法が考えられました。しかし、株式の再上場にはたいへんなエネルギーが要求され、かつ百パーセントうまくいくという保証もありません。そこでもう一つのスポンサー探し、つまりM&Aの道を選択することになりました。

つきあいのある証券会社を通じて、ワイエイシイを紹介されました。M&Aを進めることが正式に決まった後、先代社長から「ワイエイシイの子会社になることになった。今後も頑張ってくれ」と告げられことはよく覚えています。

私はアメリカのビジネススクールで学んだ経験がありますので、M&Aが事業再編において財務及び事業成長の面での有効な手法であることは理解していました。ですから日本にはびこっていた「M&A＝乗っ取り」というイメージはなく、比較的冷静にM&Aを受け止めることができました。

ワイエイシイのグループ会社になったのは、二〇一三年一一月。私が代表取締役社長に就任したのが二〇一五年四月。自分の力でどこまでできるかわかりませんでしたが、挑戦してみようという思いで社長就任を承諾しました。

民事再生の危機を乗り越えて

M&Aに至る経緯を振り返ると、二〇〇一年の民事再生にまでさかのぼります。当時、主要事業の一つであった情報通信部門が、時代の変化に対応しきれず、売上が低迷していました。過剰設備も圧迫要素となり、三期連続で赤字を計上し、民事再生手続き申立という事態を招きました。

会社存亡の危機でしたが、そのときはお得意先に助けられました。皆さんの支援のおかげでスポンサーを募る必要もなく、一〇か月という短期間で裁判所より民事再生手続き終結決定を得るに至りました。歴代社長やそのときの社員の努力の積み重ねが、もう一回チャンスを与えてくれたことを実感しています。

このとき私は、担当弁護士と会社の連絡係という役割で、会社の内実を深く知ることになりました。その仕事を通じて学んだのは、「会社というのは最終的にはキャッシュフローが生命線だ」ということです。

キャッシュフローは人体にたとえれば血液の流れのようなものです。この流れが停滞したとき、あるいは血液がなくなった瞬間、会社は瀕死状態に陥ります。そうなれば輸血というかたちで、誰かに助けを求めない限り生き延びる道はないという現実です。このとき学んだことが、今回のM&Aを冷静に進めるにあたって役に立ったと思います。

二〇〇二年、再生計画に基づき、一〇〇%減資後資本金は一〇〇〇万円となり、情報通信部門は営業譲渡に至りました。

その後制御通信事業、工業計器事業、半導体事業、これら三つの事業が会社を支える中で、売上は順調に伸びていきました。

そしてＩＳＯ九〇〇一の取得、本社新設、分散していた工場・倉庫を集約した第二工場の新設と、回復の道のりを順調に歩んでいきました。ところが、今度は思わぬ災難に直撃してしまいました。

一つは、二〇〇八年九月一五日に起きたリーマンショックです。これを契機に半導体の売上が激減しました。

もう一つは、二〇一一年三月一一日に発生した東日本大震災に伴う福島第一原子力発電所の事故です。工業計器部門の主要納入先の一つが全国の原子力発電所だったのですが、福島第一原発の事故ですべての原発が止まってしまいました。

この二つのショックによる後遺症と、前述した事業承継問題が重なって、Ｍ＆Ａという選択肢が急浮上することになりました。

これら外的要因のほか、そのころ会社としても方向転換を行わなければならない時期を迎えていました。民事再生を終結させて以降、まずはキャッシュフローの安定を第一に考え、挑戦や成長よりも堅実さを優先していました。安定第一も必要な対応だったのですが、そろそろ守りから攻めへと転じる時が来たと思われる課題も少なからず現れてきていたのです。

会社である以上、成長させなくてはという思いが全体に生まれてきた中でのワイエイシイとの出会いは、まさにベストタイミングでした。

また、その時期から特に会社を支えたのが制御通信部門です。給電情報伝送システムや、遠方監視制御装置など、顧客ニーズや品質を的確に反映したものがお客様から評価を得て、売上は順調に伸びていきました。

自ら考え自ら答えを出し、提案型企業の使命を追求する

大倉電気は一言でいうと、技術本位の会社です。お客様が満足する製品のために全精力を注ぐという伝統があり、それが誇りでもありました。反面、顧客の拡大などマーケティングに関してはあまり力を入れなかったという面は否めません。多くの製品は受注生産によるものでしたが、注文が途絶える心配がなかったという背景があります。

こうした大倉電気の気質に、M&A以降、ワイエイシイの徹底した利益追求の理念が注入されました。

最初は戸惑いもありましたが、それ以上に「変わらなければ」という意識のほうが強くありました。今まで足りなかった意識が注入され、引っ張っていってもらえるという期待は大倉電気のモチベーションの一つになりました。

いちばんインパクトを感じたのは、百瀬会長の成長への執念と社会貢献への熱い思いです。ワイエイシイ創業から一貫して成長を追い求めている姿勢は、ただただ「すごい」というほ

かありません。その成長への執念こそ、われわれに足りなかったものだと痛感しています。

グループ内の他社の実績を見て、自分の会社の数値を見直すという仕組みには、いろいろな気づきや刺激があります。成長するにはどうすべきか、以前より腰を据えて真剣に考えるようになりました。

百瀬会長が発案した「ワイエイシイオリンピック」は、「連携と競争」という持論にぴったり沿った好企画です。当社の若手社員も「当社は何位でしたね」と、気にするようになりました。グループ間の競争が、いい意味で社員の成長意識を高めていることを感じます。

M&A以後も会社の体制に大きな変化がなかったことも、社員に安心感を与えてくれました。百瀬会長は理念の徹底や利益の確保については厳しいですが、実際の会社運営は私たちの自主性に任せてくれています。

人材育成も上からの指導という手法ではなく、課題を与えて自分で答えを導き出すというやり方です。その分、われわれは自ら課題に取り組まざるを得ない状況に追い込まれます。深く考えるためには勉強しなければならない。必然的に本を読んだり、人に訊いたりすることが多くなりました。気がつくと「働き方改革」など、グループ全体の課題についても、自分の会社にどのように落とし込んでいくかまで模索している感じです。

百瀬会長ご自身、誰かに指導されたのではなく、自分で考えて今日までやってこられたので、自分で考えることの重要性をわかっておられるのだと思います。それに倣《なら》って、当社の今年のスローガンは「THINK　THINK　THINK!」としました。

しかし一方で、大倉電気のＤＮＡともいえる、お客様に対しては「提案し続ける姿勢」は忘れないようにしています。

利益は何かのタイミングで、大きく跳ね上がることがあります。たまたまの出来事なのに、数字だけを受け止めて「これでいい」と思ってしまうのは危険です。何の検証もなくそのまま進めば、必ず二年後、三年後にはしっぺ返しがやってくる。それは痛いほど経験しました。利益が出ているからすべてＯＫではなく、そのプロセスをしっかり確認しなければならない。

われわれは、常にお客様に種をまいていかなければならない存在です。時には目の前の利益より、種をまくことを優先しなければなりません。お客様が将来に向けどんな果実を求めているかをつかみ、実現することが大倉電気の最大の使命と考えています。

技術力をコアにした一〇年ビジョン

大倉電気は創業以来八〇年以上の長い歴史を持ち、高い技術と独創性を誇ってきました。大倉電気にしかできない、大倉電気ならやってくれるという信頼のもと、お客様を満足させるだけでなく、もう一歩踏みこんだ、驚きを感じさせるようなものを提案していく会社を目指してきました。
その蓄積によって、M&A後も当社の製品は「大倉ブランド」として受け入れられていま す。今後も価格競争ではなく、技術に最大の価値を持つ企業として勝負しようと思っていま す。

二〇一六年、百瀬会長はワイエイシイグループ各社に「一〇年後のビジョン策定」を求め ました。そのビジョンを実現するために中期計画を立案し、実施するのですが、ビジョン策 定にあたり当社では、「太い幹が育つ木」をイメージしました。

幹は大倉電気のコアといえる技術力。枝と葉は製品です。強い技術力を持っているからこ そ製品を創り出せるという、大倉電気の独自性を込めました。

幹をさらに太くし、枝を伸ばし葉を茂らせていく。そのための短期的な目標として、次の 三つの戦略を打ち出しました。

一つ目は、「社会に役立つ新製品の開発」。二つ目は、「保有する半導体技術を生かした新 市場への展開」。三つ目は、「お客様に密着した営業活動と情報収集」です。

大倉電気はお客様と真摯《しんし》に向き合うことを大事にしてきました。お客様と密着することで 的確にニーズを汲み取り、ワンランク上のものを提案していくこと。それが成長のカギにな っていると確信していますので、プロ意識の高い社員と共に何としてもやり抜こうと思って います。

第二章

なぜ企業理念が必要なのか

成長の原動力となった企業理念

ワイエイシイは、一九七三年にわずか社員五名で創業した。その後、二〇〇七年には東証一部に上場、創業から四五年を迎える二〇一八年時点では、ワイエイシイのグループ会社に国内外一七社を擁するまでに成長した。

成長のスピードが速いか遅いかは置くとして、旧ワイエイシイ時代から今日まで着実な歩みを続けてきたのではないかと思っている。

この歩みを可能にしたのは、その時々の経営環境に恵まれたという幸運もあるが、創業当初から企業理念を掲げ、トップから新入社員まで、ワイエイシイが歩むべき方向を明示してきたからではないかと思う。

企業理念を明示することにより、社員一人ひとりが「何のためにワイエイシイは存在するのか」「どの方向に向かえばよいのか」「何をよりどころに歩めばよいのか」などが明らかになり、社員の持てる力を結集できた。いわばベクトルを一致させてきたことが、成長の原動力になったと思っている。

「創業理念」と「成長理念」

大手企業の中には企業理念を掲げているところが少なくない。多くの場合は創業者の「創業の思い」を理念として踏襲しているようだ。

一方、中小の企業の中には理念を持たない会社が多い。仮にあったとしても、お飾りのようなもので、ほとんど普段は忘れられているというのが現実ではないだろうか。

私の場合は、自身が創業した会社を継続的に成長発展させるために、創業時から「創業理念」を作った。その点、ワイエイシイの場合は例外的といえるだろう。

創業時から理念を掲げて日々の仕事に取り組んできたわけだが、成長に伴ってこれまで三度、理念を積み重ねてきた。というのは、成長した結果、次の成長に必要な新たな理念が必要になったからである。

一九七三年の創業時に掲げた理念は次のようなものだった。

【創業理念】

一、技術集約会社
二、旺盛なバイタリティー
三、リスクに果敢にチャレンジする
四、少数精鋭主義

ワイエイシイの創業メンバー五人は、国際電気株式会社（現在の株式会社日立国際電気）で半導体製造装置の設計者だった。

みな国際電気の子会社だった国際電工株式会社への出向を命じられた者同士だ。当時の私は若く血気盛んだったので、出向という言葉に「会社は自分を必要としていない」というニュアンスを感じた。設計の腕には自信があったので、「何でおれが」という思いがあり、出向を素直に受け止めることができなかった。そうした思いが募り、「設計の技術はあるのだから」と独立を決意したのである。

もともと技術には自信がある。それに加えて全員がバイタリティーと旺盛なチャレンジ精神を持って仕事をすれば、会社は必ず成長する。私はその思いを「創業理念」に込めたのである。

その思いのとおり、ワイエイシイは順調に成長し続けたが、創業から一〇年ほど経った頃、会社は何のために存在するのかという素朴な疑問が私の胸の内に広がっていった。

製品を納め、得意先に喜ばれ、その対価を頂戴する。安定した生活を送れるようにもなっていたが、どこか満ち足りないものを感じてしまう。このままでよいのだろうかという悩みである。

そんな思いを抱きつつ二年ほど過ぎた一九八五年、私はある答えを得た。それは「会社は社会のもの」であり、ならば会社は社会に貢献しなければならない。そのために会社は成長しなければならない、という考えだった。そういう思いから「成長」という言葉を使って新たな理念を追加することにしたのである。それは次のようなものだ。

【成長理念】

一、社員の豊かさを追求する（経済的・精神的）

二、国、地方自治体に、より多く納税する

三、新製品の創造・提供
四、地域社会への貢献
五、株主を優遇する
六、環境保全のため省資源・省エネルギーを図る（この項は京都議定書後に追加）

創業から一二年を迎え、人間でいえばちょうど青年期にさしかかったころとでも言おうか、単に商売で儲ければそれでよしというのではなく、社員、国や地方自治体、地域社会に対し、ワイエイシイとして何ができるのかを考え始めたことがおわかりいただけると思う。

私は、このように企業理念は会社の成長とともに変わっていくべきものと思っている。何十年も同じ理念を掲げるということにもそれなりの意味はあるのだろうが、逆にいうと、同じ理念を掲げ続けるというのは事業体としての停滞を意味するのではないだろうか。

ワイエイシイはその後M&Aを成長施策の一つに掲げ、積極的にM&Aを展開することになる。M&Aによってグループ会社が増えたため、グループとしてのパフォーマンスを高めるために、ワイエイシイは二〇一七年にホールディングスに体制移行することになる。その前年の二〇一六年、さらに理念を積み重ねることにしたのである。

社会貢献を強く意識した「究極の理念」

ホールディングス体制に移行することを決めた前年の二〇一六年、新たに積み重ねた理念が、「究極の理念」である。

まず、その内容を紹介しよう。

【究極の理念】〜より多く社会に貢献するために〜

一、社員の成長
二、雇用の拡大
三、雇用条件の向上
四、納税額の拡大

私は、この理念にワイエイシイグループにとっての「究極」の志を込めたつもりである。ホールディングス体制への移行も、究極の理念の実現のための取り組みの一つといってよい。

この理念のキーワードは、副題にあるように「より多く社会に貢献する」ことだ。「ワイエイシイは何のために存在するのか」「誰のために存在するのか」、これは私が創業以来、ずっと考え続けてきたテーマである。

事業経営をしつつ考え模索した結果、至った結論は「会社は社会に貢献するために存在する」というものである。その使命を果たすために、われわれは懸命に働き、最大限の利益を追求し、納税という形で社会に還元していくのである。

M&Aにしても、単にワイエイシイの事業規模を拡大するために行うとか、経営困難に直面している会社を救うとか、それだけの目的で行っているのではない。

より多く社会に貢献するには事業を拡大する必要があり、経営困難に直面している会社には、一刻も早く黒字転換して社会貢献をしてほしい。そういう思いを実現する手段の一つがM&Aである。私はそうとらえている。

したがって、ワイエイシイがM&Aの話を進めるときには、売り手側がこの理念を理解してくれるかどうか、M&A後にこの理念に基づいて行動してくれるかどうかが、非常に重要なポイントになる。

この理念に賛同し共感を覚え、共に実践に努める会社が、ワイエイシイグループの一員になってもらう会社の基本的条件なのである。

なぜ理念に「納税額の拡大」を謳っているのか

ところで、「成長理念」に「国、地方自治体に、より多く納税する」、「究極の理念」には「納税額の拡大」という項目があることにいささか違和感を持った方がいるのではないだろうか。

個人でも法人でも税金はあまり納めたくない、なんとか節税したいと考えるほうが一般的ではないだろうか。法人税を納めたくないばかりに、わざわざ赤字を計上して納税を回避していた経営者もいるくらいだ。

しかし私は、企業が果たすべき社会貢献の形として、もっとも理解しやすいのが納税ではないかと考えている。

第一章でも簡単に述べたが、そもそも企業は社会の力を借りずには活動できないものである。

たとえば、原材料を仕入れ、工場で組み立て、製品として販売する。原材料や商品を運ぶときには、公共の道路を使わなければならない。

こうしたことを一つ考えても、企業は社会に対して何かしら還元しなければならない存在なのである。その還元の手段が納税だと私は考えている。

ある人にこの話をしたところ、パナソニック株式会社の創業者松下幸之助氏のエピソードを紹介してくれた。

あるとき松下氏が扇風機事業部の事業部長を本社に呼び、先月の決算はどうだったか尋ねたのだという。事業部長は「扇風機は夏の商品なので、夏以外の月は売れないので赤字だった」と報告しても叱られることはないだろうと高をくくっていた。ところが、赤字の報告を受けた松下氏は、

「君はどの道を歩いてきた。小さくなって道の隅を歩いてきただろうな」

と真剣な表情で言ったそうだ。

赤字を出して税金を納めていない会社は、税金で作られた公道の真ん中を堂々と歩

くものではないと戒めたのである。

松下氏も、利益を出し税金を納めることが企業の社会貢献の基本という信念を持っていたようだ。

私もまったく同感で、納税額の拡大こそ最もわかりやすい社会貢献であり、「究極の理念」の達成度を具体的に表すバロメーターであると考えているとともに、私たちの心意気の表れとして打ち出しているのである。

これは道路だけではなく、社員に対しても同じことがいえる。

たとえば、学校の運営は大部分が税金によってまかなわれている。小学生一人当たりに使われる年間の税金額は約八四万円、中学生は約九六万円だそうだ。税金によって教育を受けた者が、縁あって今ワイエイシイグループの社員として働いてくれているのである。

インフラや教育はもちろん、警察、消防、医療、年金、介護、国を護る安全保障……。普段はほとんど意識することはないが、社会の安全は税金によって守られているので、企業は安心して事業活動ができるのである。だからこそ、企業はより多くの税金を納めることに邁進《まいしん》する必要がある、と私は考える。

『会社標本調査』（国税庁）によれば、二〇一五年度の法人数は二六四万社、そのうち黒字を申告しているのは九四万社、三五・七％にとどまっている。

節税対策に時間を費やし、税金を納めていない大企業より、少額であっても税金を納めている中小企業のほうが、よほど世のため人のために貢献しているというわけだ。よき納税者であるためは、たくさん儲けることが必要である。たくさん儲けて、たくさん納税する。それが会社の存在意義を示す証となる。私が利益追求にこだわるのはこのためである。

ワイエイシイホールディングスはもちろんだが、M＆Aによってワイエイシイグループに名を連ねることになった会社にも、この「究極の理念」の実現を共に目指すことを要求している。言い換えれば、ワイエイシイグループの一員となる最大の意義は、「究極の理念」の実現を共に目指すことにあるといってもよい。

グループ各社が横一線に並んで競い合う「連携と競争」

現在、ワイエイシイグループ一七社のうち、M＆Aによってワイエイシイの子会社、あるいは孫会社となったところは一二ある。ワイエイシイグループに入る前までは、それぞれ異なる社歴や社風を持っていた。

ホールディングスのデメリットとして一般的に指摘されることの一つに、異なる事業者同士の対立がある。社風や考え方の違いが対立を生み、情報の断絶を招いてしまうケースも少なくない。それは全体の力を削ぐことにつながりかねない。

グループ会社として深いつながりを持つことになった一七社には、単に保有する株式など、数字上のつながりだけではなく、一つの「縁」ともいうべきもので結ばれているように私は思っている。

同じ目標を持った同胞としてその縁を大切にし、グループ会社が一丸となってさらなる高みに向かうために、ホールディングスという体制をとるに至ったのだ。

こうしたグループ会社が力強く共に前に進む一つの「仕掛け」として打ち出したのが「連携と競争」である。

「連携と競争」とは、グループ各社が横一線に並んで競い合う体制を示している。一社一社が独立し、お互いの情報を提供・共有し刺激し合いながら、同時にライバルとしても競い合う関係を期待するものだ。

そのため、ワイエイシイではグループ各社の幹部による会議を頻繁に行っている。代表的なのは毎月行われる「社長会」である。ここでは国内一一社の社長とホールディングス本部が、直近の業績状況を報告する。月々のデータが克明に開示されるので、各社長は競争意識を持たざるを得ない。数字が思わしくない会社の社長は、猛省を促されることになる。

社長会の中でも特に七月と一月は、議論と話し合いのため、少し長めの会議にしている。各社の現状、経営上の創意工夫、ときには悩みなども報告され、社長同士の人間的交流も生まれる。ここで刺激を受ける社長は少なくなく、お互いに高めあっていこうという連携を模索する機会にもなる。

社長会は「連携と競争」を定着するための重要な場なので、お互いになれ合いにならぬよう、緊張感をもって行っている。

ほかにグループ各社の横の連携として、技術部門、営業部門、管理部門、資材部門など主要メンバーによる連絡会議を年に二度は開催し、グループ内の同一部門のレベルアップを図っている。

ワイエイシイグループでは毎年スローガンを掲げ、会議の冒頭などに全員で唱和するのだが、そのスローガンにも「連携と競争」を明記している。一人ひとりが「連携と競争」を意識し、日々向き合うべき課題として意識してもらうためである。

トップの情熱と執念が意識変革の決め手

経営困難に直面した会社をM&Aで迎え入れたとき、そのM&Aを成功させるかどうかの決め手となるのは意識改革だ。

M&Aは異なるものを融合して高みを目指す経営戦略だが、その工程でいちばん重要なものは何かというと、「トップの情熱と執念」である。

極論すれば、企業の命運はすべてトップが握っている。その会社が成功するか失敗するか、社員を幸福にするか不幸にしてしまうかは、すべてトップの責任といってよい。トップが創業者で、比較的規模の小さな会社ならなおさらである。

しかし、そうした強い自覚を強く持った経営者がどれほどいるかというと、決して多くはない。特に中小企業の経営者には、その日暮らしというか、「今日の飯が食えればそれでいい」「明日も何とかなるだろう」という考えの人が少なくないように感じられる。

今から四五年ほど前、私が創業したころであるが、中小企業の経営者に進取の気概というものを持っている人はほとんどいなかった。受け身的な経営者は経営がきつくなってくると、決まってそれを景気のせいにしていた。

創業時の私も社員数名の小さな会社の社長に過ぎなかったが、受け身的な意識のままでは、たとえ倒産はしなくとも、成長のチャンスは永久に巡ってこないと思ったものである。その後、経験を積むにつれて私はその思いを強くし、現在に至っている。

M＆Aでワイエイシイグループの一員になった会社の中には、M＆A時点で倒産の危機に直面していた会社もあれば、成長が止まっている会社もあったが、私にはこうした確信があるので、M＆A以降はグループ会社のトップに対し徹底した意識改革を求めている。

その意識改革の中心は、究極的に言えば「儲けること」、要するに利益の追求である。利益を生み出せなければ、事業の拡大も雇用の拡大も納税額の拡大も不可能だ。

私はグループ各社の役員会には、会長として必ず出席しているが、その席上、全グループ会社の数字を開示して、「結果がすべて」と口を酸っぱくして言っている。業界での競争は言うまでもないが、グループ間においても競争の意識を喚起するためだ。

さまざまな場で私は、よくプロスキーヤーの三浦雄一郎氏の話をする。

三浦氏は六〇代の時、引退後の不摂生と暴飲暴食がたたり、このままでは余命三年という宣告を医師から受けた。そこで一念発起し、三浦氏は肉体改造に取り組んだ。足首にウェイトを巻き、荷物を詰めたリュックを背負って毎日歩き、ついに元の体力に戻した話は有名である。

そして、八〇歳で自身三度目のエベレスト登頂に成功という世界的な偉業を成し遂げた。酸素の少ない高地で活動するための訓練は、高齢の三浦氏にとって過酷であったろう。

だが、エベレスト登頂という目標を設定し、それを達成するために肉体改造トレーニングにより体力を強化させ、低酸素状態でも動ける体を作った。

エベレスト登頂成功の背後には、目標の設定、課題の明確化、それを解消する戦略と戦術、そして「最後までやり抜く」という情熱と執念が三浦氏にはあったのだ。

これは個人でも会社でも同じことだ。トップが目標を設定し、課題を明確にし、それに対する戦略と戦術を練る。それを何があっても最後までやり抜く情熱と執念を持って働く姿を社員に示せば、それは社員にも伝播する。

私はこうした話を、グループ各社の役員会でも、グループの全社長が出席する社長会でも、事あるごとに、何度も何度も繰り返し訴えている。

ある会社の社長は「自分は一生懸命やったつもりだったが、利益に対する執念に欠けていた」と私に打ち明けてくれた。儲けて成長すること、これが会社経営の醍醐味であり、会社の存在意義である。

現在、幸いにしてグループのほとんどの会社は利益体質に変わった。私自身もまだまだ情熱と執念を持って利益の追求を目指していくつもりだ。

第三章

全員経営で高収益体質の確立を目指す

前章では、ワイエイシイの企業理念を中心に、ワイエイシイが目指している方向性について述べた。本章では、その理念をどのように経営の実際に落とし込んでいるのか、経営戦略について述べる。

ワイエイシイ経営の根幹は「全員経営」

ワイエイシイの経営戦略で最も重要視しているのは「全員経営」である。私は創業時から、この全員経営を強く意識しながら今日まで経営を行ってきた。

全員経営とは、社員一人ひとりが当事者意識を持ち、自らの考えと意見を持って経営に参加していくことだ。

私は経営者仲間から、「能力が劣っているわけでもなく、体調が悪いわけでもないのに、なぜか仕事に身が入らない社員がいる」という話を聞くことがある。長く会社経営に携わる間には、私もそういう社員を見かけることが何度かあった。

なぜ仕事に身が入らないのか。私の経験でいうと、そういう状態に陥っている社員は、十中八九、「やらされている感」を感じているようだった。

「やらされている感」を感じているというのは、別の言い方をすれば、仕事を「わが事」としてではなく、どこか「他人事《ひとごと》」のように感じている状態といっていい。他人事だから、仕事に身が入らないのである。

では、こういう社員にやる気を持って自ら進んで仕事に取り組んでもらうためにはどうすればよいのか。

人間が何か行動を起こすときは、おおむね三つの動機があると聞いたことがある。

一つは、「義務」あるいは「強制」である。「それをしなければ罰せられる」というような場合だ。

二つ目は、行動すれば自分の利益、得になる場合だ。働けば給料がもらえる、社会的地位が得られるなどが、これにあたる。これは自発的な行動には違いないが、厳密にいえば、対価や見返りを得ることを目的とした行動である。

三つ目は、自分の力が求められていることに意義を感じ、それを動機とする行動である。ボランティアなどを想像するとわかりやすいかもしれない。誰が頼んでいるわけでもないが、自発的に行動を起こし、そこに喜びを感じる、究極の自己実現といってもいいだろう。

もうおわかりだと思うが、自ら積極的に仕事に取り組んでもらうようにするには、たとえ一般の社員であっても、自分の力が求められていると感じられるような仕組みを作ることが重要である。すべての社員が経営に参画することによって「やらされている」という気持ちから「自らやっている」という意識に変わる。これが「全員経営」の本質である。

「全員経営」の具体的な事例は後述するが、会社の規模が大きくなればなるほど、末端の社員には「会社の存在意義」が伝わりにくくなる。「自分は大組織の歯車の一つ」と考える社員が出てきてしまう。これでは全員経営などできるわけがない。

企業理念とは企業が進むべき方向性を示した羅針盤であるが、社員がその羅針盤の方向性を正しく理解し、その方向に向かうために「自分にはこの仕事が任されている」と自覚できれば、責任感を持って仕事に邁進できるようになると思う。

会社が進むべき大きな方向性のもと、社員一人ひとりが自分の仕事の目的や意義を明確に持ったとき、社員の心は一つにまとまり、社員の能力は同じ方向を向いたベクトルとして集結される。全員経営とはこれが具現化されたものだと私は考えている。

熱心に仕事に打ち込めば自然と創意工夫が生まれる

少々話題はそれるが、社員が自分の仕事に目的や意義を見出すと、想定以上の力が生まれることがある。

自分の仕事に目的や意義を見出した社員は、当然、熱意を持って仕事に取り組むようになる。熱意を持って仕事に取り組んでいると何が生まれるか。さらに仕事の質を高めるための創意工夫が生まれるのである。

これほど社長や部門を預かる責任者にとってありがたいことはない。自ら進んで仕事の質を高めてくれるからである。

一つたとえ話をしよう。プロ野球の選手は、球団と契約を結んだ個人事業主だ。成績が悪ければ、次年度は契約を打ち切られる。だから彼らは野球という仕事に熱心に打ち込むのだ。熱心に取り組んでいるから、たとえばピッチャーなら「この打者には、このコースに、この球種を投げればよい」というように、自ら集めたデータを分析し、技術を磨くのだ。まさに創意工夫である。

一社員であっても、「自分はプロのサラリーマンだ」という意識にまで達すれば、プロ野球の選手と同様、創意工夫が生まれるのである。

熱意を持って仕事に打ち込むという点では、会社のトップである社長は、どの社員よりも強い熱意を持たなければならない存在だ。

その意味で、経営者たる者は率先垂範して仕事に打ち込み、社員の模範にならなければならない。私もこのことを肝に銘じ、日々経営にあたっている。

社員から意見を募って経営参加意識を高める

創業当時、ワイエイシイではユニークなイベントを行っていた。

毎年、冬になると新潟県の赤倉スキー場で、二泊三日の社員旅行を行っていた。スキーを通じて社員との親睦を図り、日ごろの労をねぎらうのが目的だったが、実はもう一つ目的があった。

それは、会社の経営方針に関する意見交換を行うことだった。スキーを楽しんだ後、夕食までの三時間、参加者全員でみっちりミーティングをした。

ミーティングでは、まず私が立案した計画を社員に説明し、それに対して社員が役職など関係なく、それぞれの立場から意見を交わす。

私も社員も若かったので、自由な雰囲気の中、予期せぬ興味深い意見が次々と出た。とはいえ最終的にはだいたい私の提案通りになるのだが、重要なのはその決定に「自分も参加した」というプロセスである。トップの権限でただ上から押し付けるのではなく、自分も議論に参加したという事実が重要なのである。

一見まどろっこしいように見えるが、経営方針の議論に参加したという意識は、結局、社員の成長を早め、経営参加意識を高めることに通じた。

社員が「自分も経営に参加している」という連帯意識を持つと、仕事に対しても自発的に取り組むようになる。

わずかであっても自分の意見が経営に反映されているという実感は、やる気と連帯感を生むが、逆に疎外感を感じると、無力感を生んでしまう。サラリーマン時代に出向を命じられ疎外感を味わった経験を持つ私には、このことが痛いほどわかっていたのである。

スキー旅行は、単に社員の慰安や親睦だけが目的ではなく、会社経営の「強化合宿」でもあったのだ。

この強化合宿は創業から五年間続いた。終了したのは社員の一人が骨折事故を起こしたことが直接の原因だが、社員数が五〇人を超えていたので、さすがに全社員で二泊三日の宿泊は難しくなってきたことが主たる理由だ。

しかしこの「強化合宿」を原点とした、経営方針に対して忌憚《きたん》なく意見を出し合える雰囲気はワイエイシイの社風となって、今も残っている。

翌年からは銀行の研修会場を借り、そこで中期計画についての議論を行うかたちに切り替えた。

その後は四半期ごとに課長以上の管理職と一般社員から選抜した社員を集め、「大討論会」と銘打って四半期の反省と次の四半期の目標について議論を交わした。

ただ、この四半期ごとの会議に関しては、非常に反省していることがある。毎年続けてきたこの会議を、中断した時期があったのだ。株式の店頭公開を果たしたときで、私の気持ちに緩みがあったのかもしれない。

大討論会を中断後、たちまち業績が悪化した。皆で話し合う場がないことがどれだけ社員の士気を落とすのか。経営者として安易な道に走った自分を自ら諫《いさ》め、社員の意見には耳を傾け続けなければならないと肝に銘じることになった貴重な経験であった。

しかし、事業規模の拡大に伴って社員数が膨らむと、全員が集まり議論するというかたちは変更せざるを得なくなっていった。

代替案として、アンケートを実施して社員の意見を求めたり、意見ある者にはレポートを提出してもらうなど、今もさまざまな方法で経営への全員参加を継続している。

次にその実例を紹介しよう。

全員経営が実現できた「KCS三〇運動」

私がワイエイシイで全員経営が実現できたのではないかと実感したのは、リーマンショックのときだった。

二〇〇八年九月に起きたリーマンショックは、金融業界だけでなく世界経済を震撼させ、ほとんどすべての業界が大打撃を受けるほどの歴史的事件だった。

ワイエイシイもその例にもれず、売上は前年より大幅にダウンした。業績悪化は明らかで、そのまま何も手を打たなければ赤字転落の危機に直面していた。私は新たな戦略が必要と判断し、二〇〇九年一月、全社員を集めてこう宣言した。

「どれだけ逆風が吹いても、絶対に赤字は出さないし、何があっても社員を守る。しかし、それを実現するために協力をしてほしい」

この宣言を実現する対策として打ち出したのが、「KCS三〇運動」だった。「KCS」は、経費の「K」、資材調達のコストの「C」、生産性の「S」だ。「三〇」は経費と資材調達資コスト三〇％削減と、生産性三〇％アップを表している。

「KCS三〇運動」の実施にあたっては、社会状況とワイエイシイの状況を伝えたうえで、全社員を対象にアンケートを行った。会社の危機にあたって、社員たちに自分の周りで考えられるコスト削減のアイデアを出してほしいと訴えたのだ。

節約は決して楽しいことではない。上から一方的に押し付けると、社員から不満が出るのはよくわかっていた。だからこそ、「どんなことなら実行可能なのか」を社員自ら考え出してもらいたかったのである。

社員の気持ちを信じて待っていると、果たして一週間後には二〇〇〇以上の提案が上がってきた。

一例を挙げると、日帰り出張手当の廃止という提案があった。ワイエイシイの場合、電車で都心まで往復した一時間程度の出張にも五〇〇円の手当がついていた。提案どおり、これは全廃を決定した。

海外出張も事業部長決裁だったものを社長決裁に変更。たちまち海外出張は必要最小限のレベルに激減した。

社用車での移動に際してはエコドライブを徹底させ、ガソリン代の削減に努めた。会社が貸与している携帯電話、コピー用紙、照明、事務用品……、廃止できるものは廃止し、節約できるものは徹底して節約した。

その結果、一年後には目標値である経費削減目標三〇%をはるかに超える経費の削減が実現し、赤字転落を免れることができたのだ。

この経験は、改めて私に大事なことを教えてくれた。

今期は絶対に赤字は出さず、何があっても社員を守るという方針を表明するとともに、「KCS三〇運動」への協力を求めたわけだが、トップが社員を信じ、その力を借りようという真剣な気持ちが社員に伝われば、社員はそれに応えてくれるということだ。

面倒なこと、いやなこと、辛いことでも、そうすることに意義を見出し、自分で納得したなら、やり甲斐のある仕事、意味のある仕事に変わる。

社員は一人ひとりが「自分が経営者ならこうする」と考え、面倒なこと、いやなこと、辛いことでも実行に移してくれた。これはワイエイシイに全員経営が浸透している証拠であった。私は社員に頭が下がる思いを抱くとともに、深く感動した。

トップが真剣に訴えれば、社員は共通の目標に向かい、一丸となって努力してくれる。そこに「全員経営」の原点があるということを改めて体験した貴重な出来事であった。

社員が自ら考えなければ「働き方改革」は成功しない

二〇一六年に安倍政権下で本格始動した「働き方改革」は、多くの会社が取り組みを始めている経営上の大テーマである。

翌二〇一七年には、非正規雇用の処遇改善、賃金引き上げと労働生産向上、長時間労働の是正などの九項目が、改革の柱として打ち出された。

そのうちの長時間労働は、日本の特色ともいうべきもので、欧米諸国と比較して長すぎることが以前から指摘されていた。かつて「企業戦士」「モーレツ社員」が流行語になったことでもわかるように、サラリーマンは会社のために自分を捨ててでも働き続けることが美徳とされていた。

私も創業当初は、誰よりも早く出社し、朝早くから深夜まで仕事をしていた。しかし、私にはそういう働き方を今の若い社員たちに求める気持ちは毛頭ない。「karoshi（過労死）」という言葉が英語の辞書に載るほどになったというが、長時間労働はそれほど深刻な問題であり、早急に改善していかなければならない課題だと認識している。

労働者一人当たりで生み出す成果を指標化した「労働生産性」が低いことも改革すべき課題だ。二〇一五年度の日本の名目労働生産性（就業者一人あたり付加価値額）は七八三万円だが、これはOECD加盟三五か国中二一位という低さ。先進七か国（G7）では最下位である。

これまで日本では労働時間を増やして頑張れば頑張るほど企業の業績が向上すると信じられていた。しかし、それはバブル経済時に広がった幻想だったということなのだろう。

こうした現状を踏まえ、経済界では働き方改革が優秀な人材の採用や定着、仕事の成果に好影響を与えているという見方が広まっている。

ワイエイシイでも、生産性向上のために、二〇一七年度から本格的に「働き方改革」に着手した。

この働き方改革のアイデアも、社員全員を対象としたアンケートから生まれたものである。

自分の仕事にムダはないか、職場全体にムダはないか、残業時間を減らすにはどうしたらよいか等々、現場の生の声の中にこそ、普段では気づかぬ「課題」が含まれていると考えたからである。

「働き方改革」の第一弾は、毎週水曜日を「ノー残業デー」としたことだ。第二弾は「管理職の働き方改革」と「会議時間の短縮」だ。

「管理職の働き方改革」は、管理職が中心となって業務を遂行することを主要なテーマとし、具体的には二〇一七年一〇月から部下の残業は管理職の命令に基づいて行うことにした。

もともと残業は上司が部下に命じて行うものだが、日本のほとんどの会社では、残業をするかしないかは社員各自が判断し、申告した残業時間を後で上司が追認するというのが実態だ。

ワイエイシイも同様であったが、これを管理職が全体の作業状況を見極め、社員一人ひとりに対して残業が必要かどうかを検討し、毎日きめ細かく残業の有無を決めていくという方式に変更し、これを徹底させた。「ノー残業デー」との相乗効果で、残業に対する意識が変わりつつあり、徐々に成果が表れてきている。

また「会議時間の短縮」については、会議はすべて一時間以内で終了するように目標を設定し、終了一〇分前には警告音を鳴らす。会議資料も原則Ａ４判用紙一枚にまとめるなどのルールを定め、会議時間の短縮を図ったのである。

これらの改革も、社員のアンケートから上がってきた社員の意見がもとになっている。

ある識者は、「政府の働き改革は人々にわくわくしたものを感じさせない」と指摘している。上から「ああしろ」「こうしろ」と言われるばかりで、笛吹けど踊らず状態になってしまっているというのだ。

「全員経営」について述べたところでも指摘したが、「やらされている感」を感じたり、受け身では人は「その気にならない」という典型的なパターンである。

ワイエイシイの改革は、社員が自分たちで改善点や問題点を洗い出し、自ら考え出した解決策をもとにした改革である。

よいアイデアがあれば、グループ会社の社長が集まる社長会で紹介し、グループ全社で共有し、実施することにしている。

先日ある社員がポロリとこんなことを言っていた。

「その日の業務を早く切り上げないといけないという意識があるので、だらだらした時間がなくなりました」

経営者の立場からすると、社員のこういう声を聞いたときがいちばん嬉しい。自発的な働き方によって、生産性を上げていくのが、本当の意味の働き方改革ではないだろうか。

一〇年後のビジョンはトップと社員で創り上げた「共同作品」

もう一つ、全員経営の効果を期待してワイエイシイグループとして取り組んでいるものがある。「二〇年後のビジョンの策定」である。

自分たちの会社は一〇年後にどこを目指し、そこを目指すにはどのように進むのか。それを全員で考えていく仕組みである。

ある経済雑誌から「一〇年後のビジョンの策定」に関して問われたとき、私は、

「まずはグループ各社の経営トップが一〇年後の会社の姿と、それを実現するための戦略・戦術を考え、社員にきちんと示す。社員はその戦略・戦術について意見を出し、さらにトップはその中からよい意見を取り入れて中期経営計画を策定し、全員で実行する。現場に即した意見が組み込まれた計画なので、規模の拡大と高収益体質の確立による業績の向上は間違いなく実現できる」

と答えた。

具体的にいうと、まずグループ各社の社長が自ら考えた「一〇年後のビジョン」と、それに基づいた戦略・戦術を全社員に示す。社員は全員、発表された計画に関する意見をレポートにまとめ、社長に提出。社長はそのレポートを参考に、より具体的なビジョンと戦略・戦術として完成させる。こうして出来上った戦略・戦術を全社員が確認し、「よし、これで行こう!」と一致し、一〇年後に向かってスタートするのである。

この方法は毎年の目標に対する戦略・戦術を作る際もまったく同様であり、社員の

意見が反映された戦略・戦術を全員が一致して、新たな期をスタートする。

重要なのは戦略・戦術の策定過程に、より現場に近い社員の意見を取り入れることで、これによって戦略・戦術にさらに具体性を持たせるという点だ。

こうした過程を踏むことで、新たに発表される戦略・戦術は「トップと社員で創り上げた共同作品」となる。社員が策定に参加したことでさらに取り組みに力が入り、全社員が一丸となって目標達成に向かって力強く進んでくれている。

社員を信頼してこそ全員経営は可能になる

一般的に会社で働く者がもっとも気にするのは、自分が勤めている会社がこれからどうなっていくかということだ。それだけに、会社の進む方向も見えず、自分の置かれている位置もわからないような状況が続くと、働く者としては不安を感じるだろうし、仕事の意欲も失ってしまう。

経営者仲間と話していると、「いつまでにこれをやってくれと言われるが、どこの部分の何をやっているのか、全体像がわからないからやる気が出ない」と愚痴をこぼす社員がいて困るという話をよく聞く。

創業社長の中には、社員の意見には一切耳を貸さないというタイプが少なくない。職人気質ともいえるが、とにかく誰かに何か言われることを極端に嫌うトップが少なくないものだ。

しかし、社員にやる気が感じられないようなら、その原因はトップにある。結論的に言えば、私はこう考えている。

私がまだ若い一技術者にすぎなかったサラリーマン時代、半年に一度くらいの割合で上司である部門長が話をしてくれたが、それが楽しみでならなかった。

その部門長は、私たち若手を前に、業界全体の動向に始まり、自分たちの事業の展望、目標などを明快に話してくれた。話を聞くと、会社がどこに進もうとしているのか、自分が所属している部門が経営上何を担っているのかが理解でき、さらにその中における自分の仕事の位置づけもしっかり把握することができた。

自分の仕事の位置づけが理解できると、自分も経営に参画しているかのような気持ちになり、目標に向かって頑張ろうというやる気が湧いてきたものだ。

もし当時の部門長がそうした話を聞かせてくれなければ、私は来る日も来る日も一技術者として淡々と図面を引いているだけのサラリーマン人生を送っていたかもしれないと、今でも当時を振り返ることがある。

創業してしばらくして、たまたま目にしたある雑誌のアンケート調査も、社員の経営参画の重要性に大きな示唆を与えるものだった。

「モチベーションの高い社員は何がその要因になっているか」を調べた調査だったが、圧倒的多数が「会社の方針が明確であること」「何らかのかたちで経営に参画していること」という答えが圧倒的に多かったのだ。「給料が高い」「上司に恵まれている」などは数パーセントにすぎなかった。

その調査結果を見たとき、私はわが意を得た気分だった。今でも同様の調査を行えば、同じような結果が出るのではないだろうか。

ワイエイシイの基本姿勢は、理念、目標、計画を明確に打ち出し、それをトップから新入社員までが共有していこうというものだ。

ワイエイシイの社員のモチベーションが高いとすれば、ビジョンや計画、戦略・戦術の策定過程において社員が経営に参画できるチャンスが提供されている仕組みがあるからではないかと思う。

ビジョンや計画の策定過程だけでなく、計画の進捗状況を月々・半期・通期の経営概況を通じて社員に報告していることも大いに影響していると思う。

いくらトップが社員を鼓舞、激励しても、実際に仕事をするのは社員である。その社員のやる気を引き出すことこそ、トップの最も重要な仕事の一つである。なぜなら、社員がやる気を持って仕事に取り組んだときに、業績はアップするからである。

「依命システム」が経営意識を高め、高収益体質を作る

社員に経営参加意識を促すには、社員を信じ、個々の意見を聞くことが極めて重要だが、一人ひとりにコスト意識を持たせるのも全員経営実現の条件の一つである。

全員経営によって高収益体質の確立を図るため、ワイエイシイが行っている独自の手法に「依命システム」がある。

「依命」という言葉は、一般的にはあまり馴染みのない言葉かもしれない。主に行政で用いられる言葉で、「依命通達」というように使われる。「依命通達」とは行政官庁の命令によって、その補助機関に発する通達のことだ。

ワイエイシイでは、この手法に「依命システム」という名前をつけて、二〇〇六年に導入した。社員一人ひとりに経営意識を浸透させることをとおして、コスト意識を徹底させてムダを省くというというのが、その狙いだ。

われわれのような業界で収益を上げるためには、一つひとつの受注案件で粗利をいくら稼ぐか、これしかない。受注をいただいたら、トップはその案件に携わるメンバーを任命し、過去のデータなどを参考にして、この案件でいくら粗利を稼ぐのかということを依命する。それが「依命システム」だ。

これを行うと、幹部の責任者はもちろん一社員にまで、自分の目標が明確化されるので、それを達成するためにはどうすればよいか、一人ひとりがあたかも経営者のような発想で自分の仕事を見つめ直すようになるのである。その結果、大いにコスト意識を高めることができた。

この「依命システム」は、京セラ株式会社の創業者である稲盛和夫氏の生み出した「アメーバ経営」にヒントを得ている。稲盛氏は、

「アメーバ経営では各アメーバのリーダーが中心になって計画を立て、全員の知恵と努力により目標を達成していく。そうすることで、現場の社員の一人ひとりが主役と

なり、自主的に経営に参加する〝全員参加経営〟を目指している」

と指摘している。

しかし稲盛氏の「アメーバ経営」は、組織をアメーバと呼ぶ小集団に分け、各アメーバのリーダーは、それぞれが中心となって自らのアメーバの計画を立て、メンバー全員が知恵を絞り、努力することで、アメーバの目標を達成していくという経営手法だ。これは受注案件ごとにアメーバを作り、アメーバごとに損益を管理するところにポイントがある。

私の「依命システム」はグループ会社単位に行うので、厳密にいうとアメーバ経営とは性格を異にしているし、それをそのままワイエイシイに取り入れても無理が生じるだけだ。

その意味で「依命システム」はアメーバ経営をヒントにはしているが、そこから派生したワイエイシイ独自の経営手法といったほうが正確かもしれない。

ただし、結果的には現場の社員一人ひとりが主役となり、自主的に経営に参加する「全員参加経営」の実現を促すという点では、同様の経営手法といってよいだろう。

トップが立てた利益目標を全社員に公表する「宣言書」

ワイエイシイがホールディングス体制に移行したとき、それと同時に始めた取り組みがもう一つある。「依命システム」をさらに進化させた「宣言書」だ。

ワイエイシイグループでは、各社が全員経営を方針の一つとして活動しているわけだが、組織の中で最も強く経営意識を持たなければならないのは、ほかならぬトップ自身である。

グループ各社のトップに、「ホールディングスの指示に従っていれば何とかなる」という甘い考えが少しでもあったとしたら、その会社はたちまち停滞を招いてしまうに違いない。

そのような事態を招かぬように、ホールディングス化にあたってグループ各社の社長にトップとしての自覚を促し、覚悟を持って経営にあたってもらおうと考えて取り入れたのが、トップが自ら定めた目標数値を記した「宣言書」を発布するというものである。

毎年三月と九月に行われるワイエイシイグループの役員総決起大会には、ワイエイシイグループ各社の役員全員が出席する。その三月の役員総決起大会で各社社長が一人ずつ私の前に立ち、グループ各社の社長が自ら定めた目標数値が書かれた宣言書を読み上げ、その達成を約束するのである。

読み上げた宣言書は私に手渡される。私はそれを確認したうえで、後日、そのグループ会社に赴き、全社員の前で社長に返却。各社長は戻された宣言書を社長室など日々目にする機会の多いところに掲額している。

「宣言書」の狙いは、社長自身が自分のやるべきことをそのグループ会社の経営幹部や全社員の前で公表することで、すべての責任を自分で背負い、目標達成に向けて日々邁進《まいしん》することを自ら迫るところにある。

これまでは「依命書」というかたちで、私が営業利益目標をグループ各社の社長に依命していた。だが、どちらが心に火をつけるかというと、私が発する依命書ではなく、自ら決めた「宣言書」であることは言うまでもない。

三月から半年過ぎた九月の役員総決起大会では、半期の進捗状況を報告し、お互いに検証し合う。さらに翌年三月の役員総決起大会では、決算発表前の暫定数値ではあるが、全社の結果が明らかにされるので、宣言書に記した目標が達成できなかった社長は皆の前で恥ずかしい思いをすることになってしまう。厳しいかもしれないが、それは自分自身をそこまで追い込めなかった結果というしかない。

ワイエイシイグループの一員になったからには、トップから一般の社員まで、甘えの体質から脱皮してほしい。

全員経営というのは、トップが常に先へ先へと方向を見据えていなければ、実現はおぼつかないものなのだ。

トップは「宣言書」に記した目標数値達成のため、リーダーシップを発揮せざるを得ない状況に自らを追い込む。トップのその懸命な姿を見て、呼応しない社員がいるだろうか。トップと社員が一体感をもって前に進み、多少の困難があっても一人ひとりが自らやるべきことを見出して乗り越えていくという、力強さが育つのである。「自らやっていく精神」を浸透させる方式として、この「宣言書」は、大きな力を発揮すると確信している。

この「宣言書」を実効あるものにするには、高収益体質を確立する必要がある。その条件としては、仕様の早期決定、ＤＲ（デザインレビュー）の実行、完成機の出荷、ミス防止、早期検収などが挙げられる。ワイエイシイではその取り組みとして、これらの重要な仕事の責任者を「高収益体質推進リーダー」として、「依命リーダー」「DRメンバー」「工程管理リーダー」「検図責任者」「ミス再発防止リーダー」などを任命し、それぞれの役割を明確にしている。指名された高収益体質推進リーダーには一人ひとりに任命書を手渡し、その意識づけを図っている。

任命書は私がグループ会社の各社長に手渡し、各社長から任命された社員に渡される。つまり、私と各社長の連名による任命という形にしている。それだけ彼らの活躍を大いに期待しているというわけである。

ITバブル崩壊後のファブレス化で筋肉質の企業に変身

時期はさかのぼるが、ワイエイシイを高収益体質に変えるための経営施策として、もう一つ「ファブレス化」したことを紹介しておこう。

ファブレスとは、「工場（fab）を持たない（less）」ということだ。自社に生産設備を持たず、外部の協力企業に生産を委託する体制のことである。

このファブレス化への転機となったのは、二〇〇一年に起きたＩＴバブルの崩壊であった。ワイエイシイはその余波を受けて、二〇〇二年三月期に大きな赤字を出してしまったのだ。

このとき私は会社の体質を変える時期がきたことを直感した。その具体的な方向が、高収益体質への変革であり、その手法が製造部門を外注化するファブレス化という結論に至ったのである。

ファブレス化のメリットは、設備投資も生産のための要員も不要なので、身軽な体質になれるという点だ。必要なときに必要な製品を必要な量だけ生産できるので経営効率が格段によく、収益性を高められる利点を持っている。

経営手法としては決して新手の手段ではなく、バブル崩壊後は半導体産業を中心に、ファブレス企業が多く誕生していた。ワイエイシイの事業はハイテクが中心なので、ファブレス化には親和性があった。

不況になったとき、生産設備とそのための人員を抱えていると、それが大きな負担となり、収益性の圧迫要因になる。

また、シリコンサイクルという言葉があるように、技術革新の早い半導体産業ではおよそ四年ごとに景気循環が起きるといわれている。自前の生産設備を持ち、その人員を抱えていると、景気循環のたびに設備、人員の調整をしなければならず、それは業績にも大きな影響を及ぼす。

ＩＴバブルの崩壊が転機となり、ファブレス化を推進したわけだが、その結果ワイエイシイは身軽な企業に生まれ変わった。贅肉《ぜいにく》のない、スリムだが筋肉質の会社に変身できた。

ワイエイシイは、開発・設計・営業およびサービスという三本の柱からなる会社となったが、その中でいちばん太い柱は開発である。

多くの日本の企業は、開発から生産まで一貫して自社で手掛ける「総合製造業」だからこそ品質管理が行き届くと謳ってきた。しかし、現在は「総合製造業」であるからこその重みやムダにあえいでいるところが少なくない。

経営のムダを排するには、ファブレス化を断行し、自社の特長に特化していくことは当然の成り行きではないだろうか。

全社員に直接語りかける会議と「全社集会」を重視

Ｍ＆Ａの進捗によってワイエイシイグループの規模が大きくなるにつれ、新しい目的を持った会議の数が増えた。

グループ会社が増える以前なら、ワイエイシイ一社の経営に関する会議でよかったが、グループ会社が増えてくると、グループ各社の会議のほかにグループ全体に関する会議も当然増えることになったのである。

私が出席する主要な社内会議は四つある。

その中でもっとも重要な会議は、毎年、新年度前の三月と下期スタート前の九月に行うワイエイシイグループ役員総決起大会だ。三月の大会では前年度通期の結果と、次年度の目標と戦略・戦術などが打ち出され、先に記した「宣言書」の交付もこのときに行われる。九月の総決起大会では、上期の進捗状況の報告と、下期の対策が発表される。

ほかには、毎月国内一一社の社長、およびホールディングス本部長とスタッフが集まり、直近の業績状況や連絡事項が報告される「社長会」がある。

毎月の社長会の中で、役員総決起大会のない四半期には、四半期の反省と今後の取り組みについて通常の社長会より長めに時間をとって行う「四半期決起大会」がある。技術部門、営業部門、管理部門、資材部門の各社部長、主要メンバーによる横の連絡を目的とした「各部門連絡会」は通常年二回開催だが、必要があれば随時行う。

私はこの四つの会議には必ず出席することにしている。席上「究極の理念」の実現に向けた心がけや具体的戦略について語ることが目的だが、数値目標の進捗状況が思わしくない会社には、厳しい経営指導も行う。

私が各社のトップが出席する会議で話す内容はいつも同じだ。「究極の理念」で謳っている社会貢献の意味、なぜ納税額拡大を目指すのか、結果がすべてであり、数字がすべてである……。こういうことを何度も何度も繰り返し話す。「またその話か」と思われるぐらい、脳裏に刷り込まれるまで話すことにしている。一度や二度なら、「なるほど」と思うくらいだろうが、三度四度、五度六度と繰り返し話せば、私の真剣さが伝わり、「自分たちも性根を据えて取り組まなければ」という心構えができてくる。話すほうと聞くほうの我慢比べのようなものだ。

会議は懸案について検討し結論を出すことも重要だが、私の考えを「これでもか」

というまでに伝える場だととらえている。

しかし私が、私の考えを伝える場として最も力を入れているのは、いわゆる会議ではなく、全社員に向かって直接語る全社集会である。

ワイエイシイでは年が明けた始業日と新年度が始まる四月一日、下期が始まる一〇月一日の年三回、全社集会を行い、私はグループ各社を訪問し、全社員の前で訓示をすることにしている。

全社集会は全社員が一つところに集まり、理念とその年のスローガンを唱和し、経営概況の報告や売上と利益の見通し、各社トップの決意表明などが行われる。

年の初めと期首の全社集会なので、毎回、私は訓示を述べることにしているのだが、内容は、政治経済、社会情勢、世界情勢の分析と予測、それを踏まえた業界の動向予測を語り、その中でワイエイシイの目標、戦略、究極の理念を私なりの言葉で語る。

全員経営を信条とする私には、常に社員一人ひとりと向き合っていたいという気持ちがある。異なる意見を受け入れ、経営戦略に融合させることによって、会社は強靭な生命力を持つことができる。だからどの会社にも社員の意見を大事にするよう指導している。

相手の意見を聞きたいと思えば、何より自分自身の考えを語らなければならない。私は自分の意見を率直に伝えているが、社員にはそれを自らのモチベーションアップの素材にしてほしいと願っている。

「ワイエイシイオリンピック」で企業文化を根づかせる

ワイエイシイが「一〇年後のビジョン」を策定していることは先に述べたが、その中の最初の三年間の中期計画を、特に「ワイエイシイオリンピック」と称して、各グループ会社間において業績の伸び率を競うイベントを行い、各社の業績向上を促している。「ワイエイシイオリンピック」は、いうまでもなく二〇二〇年に開催される東京オリンピックになぞらえた命名だ。

具体的には、売上、営業利益、受注の目標達成度に応じて毎月各社をランキングし、発表する。好成績を収めて喜ぶグループ会社もあれば、当然、悔しい思いをするグループ会社もある。悔しい思いをした会社には、「なにくそ」と順位を上げる努力をしてほしいし、好成績の会社は順位を落とさないように、いっそう奮闘してほしい。

お互い同じグループ会社同士でありながらもライバルであるという環境を作り、スポーツで順位を争うように業績を競い合ってもらうのが狙いだ。こうした仕掛けを作れば、百回「頑張れ」と発破をかける以上の動機づけができるのではないかと思う。各社のトップだけではなく、社員も順位を気にするので、社内にいい意味の緊張感も生まれる。

「ワイエイシイオリンピック」は、単に数字で順位を競うだけではなく、「連携と競争」「高収益体質」「全員経営」という、三つのワイエイシイ文化を根づかせることにも効果を発揮している。好成績を上げるには、自然とこれらの課題に取り組まざるを得ないからだ。

東京オリンピック開催の二〇二〇年まで「ワイエイシイオリンピック」は継続する予定だが、それまでに「連携と競争」「高収益体質」「全員経営」の三つがワイエイシイの企業文化として根を張ってほしいと願っている。

ワイエイシイのメインバンクはりそな銀行立川支店だが、近隣のりそな銀行の支店と取引のある企業で構成している「立川・昭島・国立りそな会」という組織がある。私はその会長を拝命しているが、「ワイエイシイオリンピック」に有効性を感じていたので、「りそな会」に地域活性化を目指した「りそなオリンピック」という企画を提案した。

「りそな会」会員の有志企業が、それぞれが掲げた中期経営計画をもとに結果を競い合うというユニークな地域プロジェクトだ。

参加企業は製造業と非製造業に分かれ、それぞれの業績の伸び率を競い合おうというもので、多くの会社が参加し、成長を競い合っている。

ワイエイシイグループからは、ワイエイシイデンコー、ワイエイシイガーター、大倉電気、ワイエイシイダステックとワイエイシイホールディングスの五社が参加している。

スタートしてまだ一年ほどだが、参加する会社と不参加の会社の間では、明らかに成長率に差ができている。営業利益の伸び率では、五四％もの差異を見せた。

各部門の一位の会社には表彰状が贈られるのだが、二〇一六年度のプレオリンピック大会において、ワイエイシイデンコーは売上の部において総合優勝を果たした。ほかのワイエイシイグループの会社も多数入賞した。この「りそなオリンピック」も、基本の精神は「連携と競争」だ。参加企業を増やし、地域活性に貢献できればと思っている。

第四章

ワイエイシイ創業とその歩み

前職の同僚五人とともに昭島で創業

私が独立を決意し、前職の同僚五人でワイエイシイ株式会社を設立したのは、一九七三年五月一一日のことである。

そのとき私は業界中堅の国際電気株式会社の技術者として課長の地位にあり、家庭を持ち、外から見れば何の不足もないような状態であった。しかし、そこを飛び出して自分の未来を拓くことに賭けたのである。

創業の場所は東京都下の昭島市。知人が持つ六畳一間に机と電話を置いただけの、ささやかな船出だった。

どんなにちっぽけな空間でも、「自分の城」と思えば大会社より輝いて見える。

朝七時に会社に着いて部屋の掃除、トイレの掃除を念入りに済ませると、すぐに仕事に取り掛かり、深夜まで休むことがなかった。

私の胸はやる気と希望で膨らんでいた。自分の技術には絶対の自信があったし、どんなことがあっても「食っていける」という自信もあった。

創業メンバーは私を含めて五名だった。みな国際電気の同僚で、私が辞めて独立すると言うと、「自分も」「おれも」と新しい挑戦に賭けてくれたのだ。

機械設計が得意な者四名、電気設計に通じている者一名の設計者集団は、信頼関係も強く、まさに同志という感じでお互いを鼓舞し合った。

資本金は二一〇万円。言い出しっぺの私がいちばん多く出資したが、五人がそれぞれ退職金や預貯金を持ち寄り、独立後に取引先となる会社からも出資をお願いして用意したものだ。

幸いにも仕事は創業時から順調に入ってきた。前の会社の取引先に独立の話をすると、「うちの仕事もお願いするよ」と言ってくれていたが、約束通りに発注してくれたのはありがたかった。会社が事務所として借りていた部屋の貸主が顔の利く人で、機械加工会社をいくつも紹介してくれた。これにも助けられた。

「必ず三%のほうに入って、生き残ってみせる」

当時の主な仕事は図面作成である。当時A3判の設計図面を一枚仕上げると、二〇〇〇〜三〇〇〇〇円の収入になったので、贅沢をしなければ、生活に困るようなことはなかった。私は仕上げるのが早いほうだったので、量をこなすことができたし、早めの納品はクライアントにも喜ばれた。

何もかも自分でやっている日々はエキサイティングで、独立した喜びを感じる日々が続いた。

しかし、順調な日々を送っていたからといって、浮かれていたわけではない。そのころの私の頭の片隅に、創業準備のために読んだ本の一節がこびりつき、片時も消えることがなかった。

書名は忘れてしまったのだが、そこにはこう書かれていた。

「日本では設立されたベンチャー企業のうち、九七％が設立三年以内に倒産し、その後も生き残っていくのはわずか三％にすぎない」

この文句は力強い励ましのようでもあり、冷徹な助言のようでもあり、ときには呪いのようにも感じられ、私の脳裏に刻み込まれた。

三年後、私は九七％と三％のどちらに入っているのか。のど元に短刀を突きつけられたような感覚だが、私の全身にはその危機感を払拭するほどの情熱がみなぎっていたのは確かである。

「必ず三％のほうに入って、生き残ってみせる」

そのとき私は、あることがひらめいた。やはり創業準備のために読んでいた別の本の中に「成長を遂げた企業には企業理念があり、隆々と業績を伸ばしている会社には経営理念がある」と書いてあったのを思い出し、理念を作ることを思い立ったのである。

しかし、当時の私は理念の「り」の字も理解していなかった。正直なことを言えば、「理念とは何だろう。しかし、作らなければならないものらしい」という程度の理解だった。

私は頭の中に浮かんだことを一気に書いてみた。

一、技術集約会社

二、旺盛なバイタリティー

三、リスクに果敢にチャレンジする

四、少数精鋭主義

これを仲間に見せると、皆「いいね」と受け入れてくれた。お気づきだと思うが第二章で紹介したワイエイシイの「創業理念」である。

格別の大意なく作った理念である。今にして思えば、理念というよりも、創業当時の運営方針といったほうが当たっているかもしれない。

だがその後、経営に携わるにつれてわかったことだが、企業理念や経営方針を明示し、それをトップから現場の社員までが共有したほうが、はるかに力強い経営が可能になるということだ。

ワイエイシイでは、その後、成長にしたがって「成長理念」「究極の理念」と、新たな理念を加えていった。これは、事業経営の経験を積むにつれ、私が理念の重要性を深く理解したからにほかならない。

出向命令がなければワイエイシイは誕生していなかった

話は少々さかのぼるが、私は長野県松本市に生まれ、高校まで地元で過ごし、卒業と同時に上京して国際電気株式会社（現在の日立国際電気株式会社）に入社した。戦後の復興が一通り進み、翌年の「経済白書」に書かれた「もはや戦後ではない」という言葉が話題になったころである。

国際電気はもともと電電公社（現在のＮＴＴの前身）の研究所の一つだったが、独立して株式会社になった。

もともと研究所だったことでわかるように、技術者集団の会社で、社員は一五〇〇人ほどいたと思う。

私は幼いころからモノづくりのスタートとなる建築設計や機械設計の仕事にロマンを感じていたので、進路もその技術が学べる高校を選んだ。卒業後、国際電気に入社し、配属されたのは産業機械部。その部署が担当する半導体製造装置の設計の仕事は私の希望どおりといってよく、幸先のよい社会人生活のスタートだった。

当時、半導体は世の中に出始めて間もないころだったが、半導体関連事業は将来有望と見られていた。予想どおり、私が所属していた産業機械部は会社でいちばんの花形部署となった。

自慢話のようだが、私は割と機敏なほうで、集中力も勘のよさも人並み以上だったと思う。与えられる仕事は業界の先端をいくものが多く、砂に水が染み込んでいくように知識と技術を吸収し、自分で自分の成長を実感することができた。

体力にも人一倍の自信があった。走るのが好きで、高校時代は地元マラソン大会でよく優勝するほどだった。その勢いで会社に陸上部を作ると、駅伝大会に出場したり、公私ともに充実した毎日を送っていた。「このままいったら役員くらいにはなれるかもしれない」と密かに思ったりしていた。

そんな順調なサラリーマン生活を送っていた一九七二年、突然、子会社への出向を命じられた。

現在なら、部門経営を実地で学ばせる出向、異業種を体験させる出向など、社員の教育や成長を目的とする出向もあるが、当時の出向といえば、「社員として見限られた」という理解が一般的だった。私はたいへんな衝撃を受けた。

その頃の社会状況を振り返ると、カラーテレビの不買運動による半導体の需要急減、ニクソンショックによる円の変動相場制への移行等々、これらの激変を受け、半導体部門の売上は八〇％以上もの減収となった。国際電気の経営基盤をガタガタにする条件がそろっていた。

こうした会社の苦しい事情で、私が所属していた部門が丸ごと二年間の期限付きで、子会社の国際電工へ出向することになったのである。

当時、私は第四技術部の課長で、三七人の部下と一緒の出向であった。

出向先での仕事は従来の半導体製造装置に加え、包装関連機器の設計だった。新しい仕事は思った以上に奥が深く、技術者として新事業のテーマを与えられたことはある意味、幸運だったと思う。この包装関連機器の設計が、独立後の私たちの主要製品になったのである。

しかし前述したように、当時の出向は能力のない人間に与えられる、片道切符のような処遇というイメージがあったので、私はどうしてもこの新しい職場に慣れることができなかった。

出向先の子会社は本社のすぐ近くにあり、朝や帰りは本社の人間といやでも顔を合わせることになる。子会社に通う私に向ける本社の人間の視線が、たまらなく冷たく感じられた。

出向された人間に向けられる優越感と憐憫《れんびん》のこもった視線を感じるたびに、私のプライドは傷ついた。作業服が本社のものと違うことも耐え難かった。本社の作業着には誇りを感じていたが、出向先の制服に袖を通すたびにやるせなさを感じた。

二年間の期限付きとはいうが、確かな保証があるわけではない。私は何もかもがいやになっていった。その思いが募りに募り、こんなにいやなら自分でやろう、と思い立つのに時間はかからなかった。

円高が進み、日本経済は不安定な状態にあったが、その当時、日本はベンチャーブームの風が吹き、「脱サラ・起業・成功」のパターンがあちこちで紹介されていたことも私を刺激した。

心を決めた私は、起業についての本を片っ端から読み漁った。前述した「創業後三年以上続くのは三％のみ」「成長する会社には理念がある」という一節も、そのとき読んだ本の中にあったのだ。

信頼していた仲間に独立の思いを打ち明けると、「百瀬さんがやるなら自分も会社を辞めて、一緒にやりたい」と、四人が即座に決断してくれた。彼らもそのときの状況から抜け出したいと思っていたのだ。

こうして私は会社を辞めた。ほかの四人も時期をずらしながら同じように退社した。

社名は「Yield of Automatic Control（自動化機器による創造）」の頭文字をとり、

「ワイエイシイ」に決めた。自動化機器の開発によって社会に貢献しようではないか、との思いから、こう命名したのだ。

社名が決まり「ワイエイシイ株式会社」が誕生した。代表取締役社長は私、筆頭株主も私。小さな会社の社長だが、ロマンの強さだけはだれにも負けない自負があった。出向事件がなければ、今のワイエイシイも私もなかったことを考えれば、当時味わったあのいやな思いも、感慨深く思い出される。人生の妙味というのは、こういうことをいうのかもしれない。

わずか創業三か月で包装機械業界に参入

創業時のワイエイシイが作成した図面は評判がよく、次々と作図依頼が舞い込んできた。ありがたいことなのだが、ひと月、ふた月とこの順調さが続くと、私は図面を作成することだけに何か物足りなさを感じるようになった。

「ミスのない正確な図面が描けるのだから、実際に自分たちで作ってみたい」

こう考えるようになったのである。

一度思い立つと、じっとしてはいられないのが私の性格である。創業から三か月後には、モノづくりにチャレンジしていた。

ワイエイシイのモノづくり第一号は、豆腐用パッケージの自動包装機であった。出向先で修得した包装機器の技術がここで役に立った。あれほどいやでたまらなくて辞めたのに、出向先での経験が役立つとは、皮肉なものだ。

豆腐包装機は五〇台ほど売れた。この成功に乗って、食品業界やクリーニング業界向けの包装機を製作し、ワイエイシイは包装機業界に参入していくことになる。

特にクリーニング店向けの自動包装機は、ワイエイシイの基盤を築く事業に成長し、今でも業界内で高いシェアを占めている。代表的な製品としては、ハンガーにかけたまま自動包装する立体タイプの包装機と、たたんだ状態で包装する平面タイプの二種類を手掛けている。

町工場的発想からの脱却

創業前に企業理念・経営理念の必要性を強く感じたことは前述のとおりだが、ほかにも二つほど、創業後の経営に関して実行しようと決めていたことがあった。

一つは、経営の方針を皆で話し合って決めるということで、後の「全員経営」のもとになった。

もう一つは、きちんとした事業計画を作ることだ。これは、実際に付き合いのあった中小企業の経営者を見て思ったことである。

過去の経験において、私は中小企業の事業所を実際に訪れ、そこの経営者と交渉することが少なくなかった。そこで私が見たのは、前章で語ったように、その日暮らしに埋没している、覇気のない経営者の姿だった。経営者というものにある種のロマンを感じていた私は、その姿に大いに幻滅したものだ。

ところが私自身が実際に起業する段になって、反面教師として、一つの方向性を示してくれたのは、そのダメな経営者たちであった。

私は一〇年ほど前、『町工場的発想から脱却せよ』(幻冬舎)を上梓した。このタイトルには「下請けに甘んじている町工場的な発想では生き残れない」という、アグレッシブな提案を込めた。その中で私は、

「生き残れるのはわずか三パーセントだけという冷厳な事実を前に、私は『町工場的

発想』だけは絶対にすまいと強く心に誓ったのである。

『町工場的発想』から脱却せよ。これがワイエイシイの出発点であり、同時にすべての中小企業経営者に送るメッセージである」

と記した。今もこの考えにまったく変わりはない。

中小企業の計画性のなさに失望していた私は、起業準備で本を読みながら「そのとおり」と膝を打つ指摘に何度も出会った。成功した企業は例外なく高い目標を持ち、計画的かつ戦略的に目標に向かっているのである。

私たちは、「これを自分たちでやりたい」という明確なテーマがあって独立したわけではなかった。しかし、「だからこそしっかりとした目標を立て、計画を定めなければならない」と思ったのである。

創業直後の数か月こそ、図面引きのみに甘んじていたが、その後は「五か年計画」を打ち出し、モノづくり集団へと脱皮していこうと考えたのである。

この「五か年計画」において、私は五年後の売上、営業利益、純利益、設備投資額、社員数などに目標値を設定し、「第一次中期計画」と銘打って発表した。

明確な目標とそこに向かう戦略は、私の経営者魂に火をつけてくれただけではない。

「五年後、自分たちはこれだけ注文を取る」「これだけ売り上げる」という共通の熱意を社員にも与えてくれた。

今日がよければそれでいいという町工場的発想を脱し、現状に満足することなく、一人ひとりが明日を見つめ、意見を出し合い、それに向かって邁進《まいしん》する集団に変わっていったのである。

大手製菓会社からの受注で「三年目」を乗り切る

豆腐の自動包装機に続き、クリーニング店向けの自動包装機も評判はよく、業績は順調に伸びていった。

しかし、「創業三年で九七％の会社はつぶれる」という警告は、私の頭から片時も消えることはなかった。

創業から三年、われわれは猛烈に働いた。そしてワイエイシイは「生き残れる三％」のほうに入るかどうか、正念場の年を迎えた。

この年、ワイエイシイの節目となるような二つの出来事に遭遇した。しかし、今にして思えば、それは単なる偶然ではなかったと思う。

一つは、大きな取引先が倒産したことだ。突然の倒産で、ワイエイシイも一六〇〇万円の不渡り手形を食らってしまった。この影響で、第一次中期計画の達成は、社員数、設備投資額などは目標値にほぼ達したものの、売上は計画の六五％ほどにとどまってしまった。

取引先が倒産したと聞き、その会社を訪ねたときの光景は、今も私の記憶に強く残っている。

恵比寿にあったその会社は、従業員数三〇人ほどの典型的な中小企業。行ってみると社長はどこかに雲隠れし、残った社員同士で「こんなことになったのはお前のせいだ」と怒鳴り合いを繰り広げていた。お互いに責任をなすり合ううち、やがて取っ組み合いの喧嘩が始まった。何という悲惨な光景だ。

会社をつぶすということは、人間関係や人格までつぶしてしまいかねない。ワイエイシイを絶対倒産させてはならない、永続する企業に育てなければならないと、私は改めて心に誓った。

もう一つは、大きな仕事を受けたことだ。

一九七六年に大手製菓会社から、パイ生地を一口大に焼いた菓子が発売された。当時人気絶頂だった女性歌手がテレビCMに出て、ずいぶん話題を呼んだものだ。

ワイエイシイにそのパイ菓子の包装機械開発の発注があり、それに取り組むことになった。パイ菓子はわずかな力が加わっても崩れてしまい、それまでの包装機械の開発のようにはいかず、いささかならずてこずった。パイを崩さないように力を調整しつつ、一定の数量を包装していかなければならないなど、克服しなければならない課題がいくつもあったのである。

試行錯誤を繰り返し、一か月ほど工場で寝泊まりしただろうか。まだ包装機械ができていないのに発売予告のコマーシャルが流れたので、かなり追い詰められた気分になった。どうにかメーカーが納得してくれる水準にこぎつけ、ぎりぎりセーフの納品だった。当時の金額で一億円以上の売上になった。苦労の甲斐があったというわけだ。

これが縁というわけではないが、製菓会社の系列会社からの発注で、ヨーグルトの充填パック機械の開発をワイエイシイが請け負うことになった。こちらもすんなりとはいかず、難産の末に完成した。

どちらも試行錯誤の連続で徹夜続き、苦労はしたがやり甲斐があり、毎日がエキサイティングで楽しかった記憶しかない。

技術者にとって設計から携わったものが完成し、実際に稼働するのを見るのは無上の喜びである。

創業から三年間、私は早朝出勤をして社内の掃除もトイレ掃除もやり続けた。ようやく少しは余裕を持って物事を見ることができるようになった。少なくとも三％の中には食い込めたわけだ。

組合運動を通じて「夢を追う力」の偉大さを知る

最初の五か年計画の初年度は、取引先の倒産のあおりを喰ったものの、ほかの目標値は達成することができた。何より赤字を出さなかったことに胸をなでおろした。五人だった社員数も五〇人を超え、会社としての形が徐々に整ってきていた。前述した赤倉スキー場で社員全員で合宿をしたのは、この当時のことだ。

第二次五か年計画は、基礎づくりから本格的な成長を遂げるためのものであった。

何度も「創業理念」に立ち戻り、反省を繰り返しながらストーリーを組み立て、計画を練っていく作業が続いた。

過去の総括を行ったうえで、現状を的確に把握し、目標を絞っていく。そしてその目標に向かうための戦略を打ち立てる。これは多くの人間の集まる会社という組織が発展していくためには不可欠なプロセスである。

私は「戦略にはストーリーが込められていなければならない」と考えていた。会社は人や技術、お金や情熱という、さまざまなものが混然一体となっている。それらが統合され、同じ方向に進むには、独自のストーリーが共有されていなければならない。ストーリーを生み出すのは、理念の実現、夢への挑戦という、目に見えないものを追い求める情熱である。その情熱を持ち続けることが、人間として存在する証明でもある。

社員の心に火をつけるロマンと、それを実現するストーリーを生み出すことは、トップの任務の一つである。

私のこうした思考の源流には、若いころに体験した組合活動の体験がある。私が組合活動に取り組んだのは一九五〇年代後半から六〇年代半ば、組合運動が最も盛んだった時代である。六〇年安保のときは国会周辺のデモにも参加し、東大生だった樺《かん》美《ば》智子さんの死にはみなと同様に大きな衝撃を受けた。

その活動の過程で、組織とは何か、それを動かすには何が必要かを、私は目の当たりにした。組合が重要視したのは、いかに有効な戦略を立てるかで、そのために過去の総括、現状把握、未来展望をストーリー仕立てで描いていくという手法が用いられた。ストーリーが人々をまとめ、一つの方向に向かわせるというノウハウを私は組合運動を通じて学んだのである。

労働組合活動への全員参加は、活動の広がりのためにはなくてはならない要件だった。「わが事として取り組む」という意識がどれだけ組織を活性化させるか。それを、私は身をもって体験した。

比較的リーダーシップをとるのが上手かった私は、地区の青年婦人部部長となり、企業内組合の執行役員に就いた。その上は執行委員長・副執行委員長・書記長という、いわゆる「労組三役」。そのすぐ下で活動することになり、さらにやる気は高まった。ところが活動の中心的な場に身を置くことになって、労組三役と会社が裏で談合している事実を知ってしまい、組合活動への情熱はいっぺんに冷めてしまった。

苦い経験を味わったが、働く者のための世の中を創ろうという、大きな理念を掲げた組合運動はロマンにあふれていた。そのロマンが組合員の心を一つにした。私は、この労働組合運動を通じて、戦略的に人を動かす論理や手法も身につけていったのである。

歴史に名を遺す経営者の多くは、大きな夢を描いた人物である。私は現実主義者であるが、一方ではロマンチストでもある。

夢に向かって歩むには、不屈の闘志や行動力が必要である。また、夢がなければ、闘志や行動力は生まれてこないだろう。もし私が「五年後にはワイエイシイをこういう会社にしたい」「十年後はここまで成長させたい」という夢を追っていなければ、とっくに会社経営を辞めていたか、誰かに譲っていたのではないかと思う。

だからこそ、「究極の理念」という大きな夢を掲げたワイエイシイは、その実現に向かって今後もずっと力強く歩み続けると確信しているのである。

「会社の存在意義と目的とは何か」という一〇年目の苦悩

創業して一〇年、売上も営業利益も純利益も右肩上がりが続き、ワイエイシイは順調に業績を伸ばしていった。

一〇年間で設計、製作した包装機械を中心とする自動化機械は計四七一機に達していたが、クレームは一件もなかった。

創業から一〇年間、「起業寿命三年説」を乗り越え、成長を続けてきたことを誇らしく思っていた。しかしそれと同時に、私は新たな悩みに突き当たった。それは、経営上の悩みではあるが、売上や利益という数値的な悩みではない。一言でいうと、「会社とは何か」という疑問に突き当たったのである。

会社は確かに儲かっている。この先も同じように頑張っていけば、よほど経済環境が悪化しない限り、右肩上がりの成長は続くだろう。

夢は「一〇〇億円企業」への仲間入りだった。売上一〇〇億円に達することは、多くの起業家が目指す夢であるし、実現すれば成功者として、世の中の評価も変わってくる。

だが、「一〇〇億円企業になれば満足なのか」と自問自答をしてみると、答えはいつも「ノー」であった。「今日までがむしゃらにやってきたが、会社は儲けるだけが目的だろうか」「本当の目的とは何だろう」という疑問が頭から離れなくなったのである。

中小企業でも、成長が続き安定志向が高まると「大企業病」に陥ることは容易に想像できた。儲かっているときほど、トップは自分を厳しく問い詰めなくてはならない。

ワイエイシイの目的を求め、その答えのヒントになりそうな本を探しては読みふけり、「この人なら」という人物から話を聞き、知恵も借りた。

あれこれ模索はするのだが、なかなか「これだ！」という答えは見つからない。ところが、ある日、「会社は社会のもの」という発想に至った。暗い部屋のスイッチを入れたら、パッと電球の光で満たされた感じだった。

私の頭の中に蓄積された本で得た知識や、人から聞いた話の断片が、発酵するまでに時間を要したのだろう。ある日突然に「会社は社会のもの」という発想に至ったのである。

ワイエイシイは私が創業した会社であり、私が代表取締役社長を務めてはいるが、株主、顧客、仕入先、金融機関、所在する地域など、どれ一つが欠けてもワイエイシイは存在し得ない。また社員も、一人ひとりに個人の生活があり、私のために働く使用人ではない。こう考えると、会社を経営しているのは私でありながら、会社は私のものではない。社会があって会社は存在し、社会のために会社は存在するものだという考えが、すとんと腑に落ちたのである。

一度「会社は社会のもの」という考えに至ると、「会社の目的は社会貢献」という考えに行き着くまでには時間を要さなかった。

さらに、何をもって社会貢献をすべきかを突き詰めた結果、より多く納税することが、もっとも理解を得やすいかたちでの社会貢献であるという考えに至った。

何のために働くのか。それは社会をよりよくするためだ。ワイエイシイは社会を豊かにし、人々を幸せにするために存在し、そのために力強く事業を展開するということにロマンの旗を打ち立てたのである。

そのメッセージを「成長理念」として、掲げたのは創業一二年目の一九八五年である。

【成長理念】

一、社員の豊かさを追求する（経済的・精神的）

二、国・地方自治体に、より多く納税する

三、新製品の創造・提供
四、地域社会への貢献
五、株主を優遇する
六、環境保全のため省資源・省エネルギーを図る

「成長理念」を生み出すまでにはずいぶん悩んだが、これは私にとって経営者としてもう一段成長するための試練だったと思う。

この理念を究極にまで進化させたのが二〇一六年に打ち出した「究極の理念」なのである。

株式店頭公開で社員とともに感激を味わう

「成長理念」を制定して間もなく、日本合同ファイナンスの後藤光男氏と名乗る人物がいきなり私のもとを訪ねてきた。私に会うなり後藤氏は、株式の店頭公開のメリットについて語り出すと、三〇分ほどで話を切り上げ帰っていった。

そのころ私は株式の店頭公開への意欲もなければ関心も持っていなかったので、後藤氏が熱心に話せば話すほど唐突さを感じた。しかし、喉《のど》に魚の小骨が刺さったように、何か引っかかるものを感じた。それがきっかけで、店頭公開のセミナーに参加したり、上場している経営者の話を聞くなど、自分なりの勉強を始めたのである。

後で知ったことだが、後藤氏というのはベンチャーキャピタルの日本合同ファイナンス（現株式会社ジャフコ）の専務で、証券業界では有名な人物だった。ワイエイシイを訪れたのは、後藤氏なりにワイエイシイに成長の可能性を見たからではないだろうか。

株式上場の勉強をするうちに、だんだん私もその気になり、やがて株式の上場を現実的に考えるようになった。

上場を決心した決め手は「会社は社会のもの」であることを、株式を店頭公開するかたちで示そうと思ったからだ。株式の公開によって「成長理念」を実践すべきだとも思った。もし「成長理念」を掲げていなかったら、未上場企業の気楽さに甘んじていたかもしれない。

株式上場の意思は誰にも打ち明けなかったが、この思いを公にしたのは、創業一五周年のパーティーの挨拶で、私は次のように語ったのである。

「五年後の創業二〇周年のパーティーのとき、ワイエイシイは株式を店頭公開します。五年後の売上は五〇億円、営業利益は五億円を目指します」

その当時の売上高は一七億円、営業利益は六四〇〇万円。突然の発表に社員も来賓もあっけにとられていたが、私は本気だった。

発表前に相談すれば、時期尚早と諭されるかもしれないので、誰にも打ち明けなかったのだ。また、経営幹部、社員、来賓が一堂に会する場で決意を宣言することで、自分を追い込もうという思いもあった。

言ったからにはやるしかなく、始めたからにはやり抜くしかない。それが私のスタイルである。前章で紹介した、グループ会社の社長による「宣言書」も、このスタイルがベースになっている。

店頭公開の方針を固めてからは、社員全員に対して売上五〇億円の達成に向けた戦略・戦術を示した。意気に感じた社員はそれに向かって全力を尽くしてくれた。

具体的には、単品受注中心ではなく一機種で一〇台以上の受注が望める量産指向の方針を打ち出すなどしたのだが、そのときのワイエイシイの結束力はすさまじいほどのものだった。

目標に向かった人間が一致団結すると、高いハードルも超えられることを目の当たりにした。その結果、念願の株式の店頭公開が実現できたのである。

私は人間の結束力の偉大さに感動した。人生であれほどの高揚感を味わったことはなかった。今後も味わうことはないかもしれない。私にとっては人生で最高の時間だったが、社員も同じ思いだったのではないだろうか。

ワイエイシイが株式を店頭公開したのは、創業二一年目の一九九四年六月のことである。約束の創業二〇周年の年は、バブル崩壊に端を発する株式市場の冷え込みによって新規の店頭公開が停止するという事態になり、一年間待たされたのである。

店頭公開したときの感激は今でも忘れられない。

役員六人と日本証券業協会で店頭公開の認証をもらうと、野村証券のディーリングルームに案内された。その電光掲示板には、

「ワイエイシイ株式会社　店頭公開　おめでとう　初値4200円」

という文字が流れる。ディーラー全員の拍手に包まれ、思わず涙がこぼれてきた。

会社に戻ると、歓喜にあふれた社員たちが私を出迎えてくれた。

「社長！　株、公開したね！」

「よかったね！」

「社長、努力が実った。ありがとう！」

口々にそう言う社員、万歳を叫ぶ社員、拍手をする社員、私に抱きついてくる社員もいた。ワイエイシイの社内は高揚感と喜びがあふれた。その情景は、今も強烈に私の脳裏に焼き付いている。

社員にとっても、自分たちの仕事が社会に認められた「待ちに待った日」だったのだ。

店頭公開に至ったのも、社員が奮闘してくれたおかげである。本当の喜びは彼らが味わうべきものだ。彼らの頑張りに感謝しながら、経営者冥利《みょうり》とは社員が喜んでくれることなのだと改めて感じた瞬間だった。

M&Aに成長の「光明」を見出したプラズマシステムとの合併

株式の店頭公開を果たし、涙しつつ社員と喜びを分かち合った……。ドラマならばこの感動の場面とともにエンディングロールが流れるという感じだろう。

しかし、現実はドラマのようにはいかない。店頭公開を果たした二年後、ワイエイシイは創業二三年目にして初の赤字を計上してしまう。一九九五年度の売上は、対前年比マイナス三〇％の落ち込みだった。

原因は、新規事業の失敗である。

株式の店頭公開を果たしたワイエイシイは、さらなる拡大を図るため、二つの新しい製品開発に取り組むことになった。

一つはクリーニングシステム事業の、オール自動化洗濯機。洗浄、すすぎ、乾燥という一連の作業を、ハンガーにかけたままの状態で自動的に行う機械で、最後に服に袋をかぶせる包装までやってしまおうというものである。画期的なアイデアだったが、ドライクリーニングに比べると汚れ落ちが悪いと評価され、市場に受け入れてもらえず、やむなく中断に至った。

もう一つは、パチンコ台の周辺装置という、ワイエイシイがこれまでまったく手掛けたことのない遊戯機械の分野だった。これもうまくいかずに中断した。

店頭公開を果たした勢いに乗って、私が自ら陣頭指揮を執った新事業が失敗したことに、私は猛省した。責任はすべて私にある。技術さえあればいい製品を開発できると単純に考えていた私の甘さを戒める「事件」であった。

私は店頭公開によって得ていた自己資金で大幅な減収を穴埋めした。周囲は「そこまでする必要はない」と言ってくれたが、私としては自分の責任を具体的なかたちで表さなければ気持ちが収まらなかったのである。

それからしばらくの間、経営の方向性に関して悩むことが多くなった。

これからどうやって経営を立て直すか。悶々《もんもん》としていたところに、思いがけない話が飛び込んできた。株式会社プラズマシステムの社長から「資金繰りに苦しんでいる。何とか手助けしてほしい」との相談を受けたのである。

話を聞いてみると、資金繰りには苦しんでいるが、プラズマシステムの技術力は高い評価を得ている。資金繰りの問題さえ解決すれば、十分に成長が期待できると判断し、経営統合することを決断した。

プラズマシステムにとってワイエイシイに経営統合されることは救いであったが、ワイエイシイにとっても大きな意味があった。

ワイエイシイの資金力で、資金調達問題を解決すれば、プラズマシステムの事業規模がそのままワイエイシイの事業規模の拡大につながり、利益の拡大をもたらすことになるからである。

私は双方にメリットのあるこの経営統合に「成長の一手法」としての魅力を感じた。「これからはM&Aを成長戦略の一つに加えよう」と決断した瞬間であった。

M&Aの積極的展開という、ワイエイシイの経営立て直しの方向が見え、私は長いトンネルからやっと抜け出したような感じを味わった。ワイエイシイにとっても、プラズマシステムにとっても、このM&Aは、まさに長いトンネルの先に見えた「光明」への導きであったのだ。

東証二部、そして東証一部へ

プラズマシステムを経営統合した後も、山あり谷ありであったが、私はいかなるときも「成長理念」の実現を第一として経営にあたってきた。

どんな会議の席でも私は常に理念を訴え、社員の意識向上に努め、長期の目標も毎年のスローガンも「成長理念」を核として創出していった。

その後のワイエイシイの主な歩みを以下に記し、この章を閉じることとする。

・二〇〇一年　売上高一〇〇億円を突破

これはプラズマシステムと半導体事業のM&Aをしたことによる効果である。一〇〇億円突破によって達成感を味わえたと同時に、M&Aに本格的に取り組むことになった。しかし、翌二〇〇二年、ITバブル崩壊の影響で大幅減収となり赤字に転落。前章で記した通り、ファブレス化で切り抜けた。

・二〇〇六年　東証二部上場

二部上場の際、社長面接を受けた私はCSRの考え方を問われた。そこで私は「成長理念」の精神と、より多く納税する使命を伝えた。答えを聞いた面接官は「そのとおりです。あとは何も言うことはありません」と言った。本当にそれ以上は何も言わなかった。二部上場の際、木槌で鐘を打つ儀式がある。鐘は五回打つのだが、私は苦楽を共にした役員にそれぞれ一回ずつ打ってもらい、これまでの歩みを感慨深く振り返った。

・二〇〇七年　売上二二六億円、営業利益三六億円で過去最高を達成

パソコン需要の急伸に伴い、ワイエイシイが供給しているバーニッシャー（ハードディスクを研磨する装置）に需要が殺到。ワイエイシイが提供するバーニッシャーは現在でも市場の一〇〇％を占めている。

・二〇〇八年　**東証一部上場を果たす**

約四〇〇〇万あるといわれる企業の中で、一部上場企業は二〇八一社（二〇一八年三月三一日現在）。厳しい審査を経てワイエイシイは「社会のもの」と認められた。

・二〇〇九年　**前年起きたリーマンショックのため売上激減**

この年の正月、社員への年頭の訓示において「絶対に赤字にしない」「社員の雇用は保証する」ことを宣言。そのために「ＫＣＳ三〇運動」を展開。経費と製造コスト削減のアイデアを社員から募集し、三〇％の削減を実現させた。これを機会に、ワイエイシイはより贅肉を削ぎ落した筋肉質の経営体質に改善。高収益を実現するための土台を作った。

・二〇一三年　**Ｍ＆Ａ路線に拍車がかかり、年間複数のＭ＆Ａを行う**

Ｍ＆Ａの推進とともに、「ハイステップ７１２」として、第一一次・一二次中期計画を推進。

・二〇一六年　**「究極の理念」を発表**

・二〇一七年　ホールディングス体制に移行

M&Aの効果もあり、売上は過去最高の二九四億円に。この年、前年に発表した「究極の理念」の実現に向けて、以下の九点を打ち出した。「ホールディングス化」「一〇年後のビジョンの策定・推進（全員経営）」「オリンピック（中期計画）の展開（全員経営）」「持続的な成長に向けた三つの企業文化（連携と競争・高収益体質・全員経営）の定着化」「各社長は宣言書を厳守」「受注キャンペーンの展開」「依命システムの完全運用」「生産性倍増・働き方改革の推進」「第四次産業革命への対応」。

わずか五人でワイエイシイを立ち上げてから四五年。ロマンを掲げて東証一部上場企業にまで上り詰めたワイエイシイは、この先さらに成長することでより多く社会に貢献をしていくことを目指している。

第五章

第四次産業革命への挑戦

ワイエイシイの環境問題への取り組み

以前にも増して企業の社会的責任が語られるようになった今日、企業に求められているのは単に生産活動による社会貢献だけではない。いかに環境と調和した社会を築くことができるか、企業の取り組みが注目されている。

ワイエイシイは、一九八五年に策定した「成長理念」に「環境保全のための省資源・省エネルギーを図る」と明記したように、三〇年以上前から環境問題を社会貢献の一つに取り入れてきた。

当時は今ほど環境問題を視野に入れた企業は多くはなかったが、早い時期に環境問題への取り組みを表明したのは、近い将来、必ず企業が環境問題への対応を問われることになると確信していたからである。

二〇〇五年九月、ワイエイシイは「ＩＳＯ１４００１」の認証を取得した。

改めて説明は不要かもしれないが、「ＩＳＯ１４００１」とは環境マネジメントシステムのことで、組織を取り巻くすべてのヒト（地域住民、利害関係者）、モノ（水、空気など）に対し、組織が与えている影響を明確にし、悪影響を与えているのであれば、それを解決するためのシステムを作っていくという取り組みを意味する。

この環境保全の努力を果たしていると認められた企業に対して与えられるのが、「ＩＳＯ１４００１」の認証である。

ワイエイシイの環境問題への取り組みの基本姿勢は、「企業活動と地球環境の調和を目指し、企業としての社会的責任を果たす」ことを目的に、「全員参加による取り組み」「環境関連法規、規則、国際基準、ステークホルダーとの合意事項を順守」を方針にしている。

これまでも繰り返し述べてきたが、「会社は社会のもの」である。モノやサービスを提供し儲ければそれでいい、というわけではない。会社が「社会のもの」である以上、われわれが存在する社会に迷惑をかけるわけにはいかない。その意味で、企業が環境問題に積極的に取り組むことは、もはや単に社会貢献の一環ではなく、企業が果たすべき一つの義務といってもいいだろう。

ワイエイシイは、その思いのもと、よりいっそう積極的に環境問題に取り組んでいくつもりでいる。

M&Aでソリューション型研究開発企業を目指す

現在ワイエイシイは、これまで独自に培ってきた機械・電気の設計技術、プロセス技術、クリーン搬送技術、制御技術を駆使して、さまざまな製造装置、周辺機器を開発、提供してきた。

独自に磨き上げてきた技術に加え、M&Aにより、さらに幅広い技術を保有する企業へと成長できたのではないかと思う。一九九四年に株式を店頭公開したときには、「規模の割にはいろいろな事業をやっている」と批判的な声も聞こえたほどだ。

確かに外部からワイエイシイを見れば、そのような印象を持つのかもしれないが、ワイエイシイとしてはずいぶん前から事業の多角化に取り組んできているので、その評価は当たっていない。

九〇年代のワイエイシイの主たる事業は、メモリーディスク、半導体、クリーニングの三つで、当時の企業としては事業内容が幅広いほうだったかもしれない。

まだ経営手法の一つにM&Aを取り入れようとは頭の片隅にもなかったが、安定的な発展を推進させるために、多角化しつつ専門性も深めていくことを経営戦略にしていたのである。

一業種を深く突き詰めていくという経営戦略もあるが、経済環境の変化によってその業種が打撃を受けたとすると、即座に停滞を招いてしまう。安定的に成長するためには、欲張りのようだが、そのリスクを回避するために多角化をしていたほうが有利である。こう判断していたのだ。

株式を店頭公開したときには、「規模の割にはいろいろな事業をやっている」と評価されたわけが、今では「いろいろな事業を手掛けているから将来の可能性を感じる」という評価に変わった。時代が変われば評価も変わるものだ。

M&Aによってワイエイシイは多角化を実現してきたわけであるが、ワイエイシイのグループ企業になった会社は、それぞれ磨き続けてきた技術を持っている。したがって、M&Aの進捗とともに、ワイエイシイには技術が集約されることになった。

日本の中小企業の多くは、大企業から「こういうモノを作ってほしい」と依頼され、それを製造してきた。大手企業からの受注があって、初めて生産をする。発注者の要望をかたちにし、満足させる技術は高く、まさに「世界一の町工場」である。

だが、どれだけ完成度の高いモノを作っても、求められたモノを作り納品するだけでは、単なる「下請けの町工場」であり、そこから抜け出すことはできない。

これは単に町工場だけの話ではなく、製造業全般についていえることだろう。たとえば、一つの部品だけではなく、その周辺の部品も含め、セットで受注することが必要なのではないだろうか。

ワイエイシイグループはそこを目指している。開発、設計、製造、納品まで一貫して受注することができれば、自分たちがイニシアチブをとることができる。つまり、目指しているのは、ソリューション型研究開発企業への飛躍である。

私はワイエイシイグループが一体となって、集団型のソリューション型研究開発企業になることを目指している。それを確実かつスピード感を持って可能にするのがM&Aだと考えている。

グローバル化には「打って出る」姿勢で臨む

グローバル化によって企業の競争は激化している。国内の同業他社を単にライバルと見ているだけでは生き残ってはいけない。

新興工業国の廉価な製品がどんどん日本に輸入されるようになった。かつての日本は輸出によって経済力を伸ばしてきたが、その逆の現象が起きている。以前の新興国の製品といえば、「安かろう悪かろう」だったが、近年のそれは質が向上し、日本国内で生産したものと遜色《そんしょく》がない水準にまで高まっている。日本の中小企業はうかうかしていられない状況に追い込まれているのだ。

こうした厳しい状況を打破するには、「迎え撃つ」のではなく、企業自身が積極的にグローバルな展開を図る「打って出る」姿勢が必要だ。守りから攻めに転じなければ今後の生き残りと成長は難しいだろう。

ワイエイシイグループには、シンガポールと上海に海外拠点があるほか、二〇一五年にM&Aによってグループ会社に入ったワイエイシイガーターが設立した四つの海外現地法人（中国・フィリピン・台湾・マレーシア）がこれに加わったので、現在はアジア各地に六つの現地法人がある。ワイエイシイガーターの売上の六〇%は現地法人だ。

海外拠点の主な任務は、

・国内グループ会社が開発した製品の現地での販売
・一部製品の現地生産
・消耗品、メンテナンスサービス事業の展開
・現地のニーズに基づいてオリジナル商品を作り、事業化する

この四つである。

現在、海外での売上を伸ばしている製品は、ワイエイシイエレックス（二〇一六年にM&A）が開発、販売している医療用機器だ。急速とは言わないが、着実に伸びている。中でも人工透析装置は、アジア市場での需要が高まっており、期待できる事業として注目している。

これまで日本企業が進出するアジアの市場というと、圧倒的に中国であったが、これからは人口が急増し、経済成長が著しいマレーシア、ベトナム、インドネシアなどが中心になっていくだろう。

世界的な会計事務所プライスウォーターハウスクーパース（PwC）のレポートによると、中国は二〇三〇年に世界最大の経済大国となることが明白だという。また、中国を猛追しているのがインドで、二〇五〇年にはアメリカを抜いて世界第二位の経

済大国となる可能性があるとも報告されている。

フィリピン、ベトナム、マレーシアも著しく成長すると見込まれ、コロンビアとポーランドはロシアを追い抜く勢いだ。

それに対して日本はどうかというと、二〇三〇年には四位、二〇五〇年には七位に転落すると報告されている。ちなみに六位までの予想順位は、一位中国、二位インド、三位アメリカ、以下インドネシア、ブラジル、メキシコと続く。

いずれにせよ、今後数十年はアジアが世界経済の牽引者であり続けることが予測されている。実際に現地に足を踏み入れると、その喧騒と活気に成長へのバイタリティを実感する。事業家なら、この市場を放っておく手はない。ワイエイシイも、今後さらに積極的に海外進出を推進していく予定だ。

若者の「やる気」喚起のために経営者がすべきこと

人材の確保、育成はすべての会社にとって最重要課題の一つである。私も創業してからこのかた、人材の確保、育成には積極的に取り組んできた。

ワイエイシイ創業当初の七〇年代前半には、すでにリクルート社が求人情報サービスを始めていたが、それを活用するには当時のワイエイシイにとっては料金が高すぎた。

高卒の新入社員に関しては、私が地元の工業高校を回ってある程度人員を確保することができた。だが、喉から手が出るほど欲しいのは即戦力である。

当時の職業安定所に求人票を提出し、頻繁に電話を入れて求める人材が登録されていないかどうかを確かめたり、直接足を運んでリストを懸命にめくったりしたものだ。

ワイエイシイの求人に応募してくれたのは、多くが高卒の中小企業出身者だった。採用にあたって私が最重要視するのは「やる気」だ。といっても当時のワイエイシイのような名前が知られていない会社に、やる気満々で入社しようという人などそうそういるものではない。だから問題は採用後で、どうすればやる気を持って働いてもらえるように育てるかで、そこが社長としての私の手腕の見せ所だった。

若い社員にやる気を出してもらうには、まずトップが夢と情熱を持っていなければならない。やる気も夢もないようなトップが、いくら社員に「やる気を出せ」と言っても、彼らの胸を打つことはないだろう。

ある雑誌の座談会に出席したとき、私は人材育成について次のように語った。

「創業当初はやる気も能力も技術もない人をかき集めたわけですが、この会社は将来こうなっていくという夢を語ることで社員のやる気を生み出していました。会社というのはしっかりと目標を掲げ、社長が夢を語り、それを社員に浸透させていくことが重要なのです」

今もこの考えに変わりはない。

人材育成に秀でた経営者やスポーツのコーチは、意識の持ち方を非常に大事にしている。私が注目している経営者の一人に日本電産株式会社の創業者である永守重信氏がいるが、永守氏は「人間の能力の差はせいぜい五倍だが、意識の差は百倍ある」と、仕事に取り組む意識の重要さを指摘している。

トップが懸命に仕事に打ち込む姿を見せる。厳しさの中に、励ましと温かみを持った言葉をかける。常にこういうことを心がけていると、職場は活気にあふれ、ポジティブで伸び伸びとした雰囲気が広がっていく。

中途採用で入社してきた社員は、ワイエイシイの社員が一か所に集まり、言いたいことを言い合っている、伸び伸びとした光景を見て驚くようだ。

ワイエイシイの玄関や壁には、「さあ今日も、ときめきと感動の日々であれ」という言葉を額に入れて掲げている。

夢を持った人間は、小さなことにもときめきや感動を覚えるものだ。小さなことの積み重ねは、大きな結果を引き寄せる。仕事にはその人の生き方が現れる。ときめきと感動は生きる力となり、それはそのまま「やる気」に変化していく。

私は、高学歴だがやる気のない人より、学歴はなくともやる気を持っている人にワイエイシイで働いてほしいと思っている。私自身も高校卒業と同時に社会に出たわけだが、創業当初から「少数精鋭」を謳《うた》ってきたのは、たとえ高学歴ではなく少人数でも、一人ひとりが「やる気」に満ちていれば、大きな成果を生むことができると考えたからだ。

ワイエイシイでは、六五歳を超えても、やる気と能力のある人にはそのまま会社に残ってもらいたいと思っている。六〇歳になっても六五歳になっても、「やる気」に満ちて、ときめきと感動を持ち続けている人なら、働き続けてほしい。

もちろん新卒も採用している。創業一二年目で最初の新卒を採用して以来、新卒の採用には力を入れている。新人教育はＯＪＴが基本であるが、社内外の研修にも積極的に取り組んでいる。

　ワイエイシイホールディングスが所在する東京多摩地域には約一八万人の学生がおり、地元企業への就職希望者は多いと聞いている。どのような色にも染まる純白の布のような未来ある若い人が、ワイエイシイの文化の中で育っていく夢を見るのは私一人ではないだろう。

「会社は社会のもの」に基づいて後継者を選ぶ

「企業寿命三〇年説」というのがある。京セラ株式会社の創業者である稲盛和夫氏も、一般的に創業から三〇年くらいたつと、創業モデルと時代との間に乖離《かいり》が生まれ、そこを乗り切ることに失敗する企業が少なくないと指摘している。

　私もこの指摘には同じ思いだが、「企業寿命三〇年説」の背景には、後継者問題も大きく影響しているのではないかと思う。

　とくに中小企業の場合、後継者となるのは圧倒的に創業者の子弟が多い。しかし、創業者の子弟だからといって、彼らが経営センスに富んでいるかというと、必ずしもそうとは限らない。

また子弟にこだわらずに後継者候補を探しても、適当な後継者を得ることができず、一代限りで幕を下ろさざるを得なかった会社が少なからずあることを、私は実際に見て知っている。

中小企業でなくとも、二代目、三代目を子や孫に継がせる会社はあるが、ワイエイシイでは創業以来、役員の子弟は入社させていない。「子弟の入社はやめておこう」という不文律があるのだ。

私の過去の経験において取引のあるいろいろな中小企業に出入りしたことがあるが、多くの会社が社長や役員の子弟を入社させ、後継者にすべく重用していた。そうした会社は、大なり小なり社内に「どうせ次の社長は息子だ」「自分はいくら頑張ってもトップにはなれない」といった空気が流れていた。子弟に後継者としての実力があればよいが、そうでない場合、社内の士気は盛り上がりに欠ける。それが目に見えて感じられたものだ。

会社が社会のものである以上、特別な重用はあってはならないし、「チャンスは平等に与えられている」という方針で運営されなければならない。

キャリアアップのチャンスは誰に対しても公平にあり、頑張って結果を出せば、会社はそれをきちんと評価して、それに見合った処遇をするのは当然のことだ。実は大企業でも、この当たり前のことができていないケースが多いのだ。

皆が同じスタートラインでフェアな競争を繰り広げ、成果を出し、かつ重要なポストに就く実力のある者が、そのポストに就く。至極シンプルでまっとうなルールだ。私の描く理想の会社像はフェアな競争が行われる会社だ。社会のものとしてワイエイシイとそのグループ会社が存在するなら、そうあるべきだと考えている。

私は創業以来四五年間、社長として経営に携わってきたが、永久に社長を続けるわけにはいかない。そろそろ真剣に後継社長を考えなければならない時期を迎えている。適任者を検討はしているが、その第一条件は企業経営と利益追求に対して執念があるかだ。製造業なので、技術に精通している人であることも重要な条件だ。

いずれにしろ誰が後継者になったとしても、「究極の理念」を力強く推進してくれることを期待している。

経営トップだからこそ周囲への気配りが必要

私は会社で仕事をしているときは、社員と同じ制服姿でいる。荷物があれば自分で持つし、社員も私に格別に気を使わない。

怒鳴り声を上げることはないし、高圧的な態度で社員を押さえつけるタイプでもない。仕事がうまくいかずに失敗しても、原則三回まではチャンスを与える。「こう言っては気にするかな」「かわいそうだな」と、心のどこかで相手を思うほうが先に立ってしまう癖がある。

ある社員は私のことを「言葉はやさしいが、プレッシャーは十分感じる」と言っていたが、私は自分で言うのもなんだが、根はやさしいほうだと思う。それでも厳しい競争社会を勝ちぬいてこられたのは、常に夢を描き続け、高い目標を掲げ、諦めることなくそこに突き進んできたからだ。

創業時の五人のメンバーの中には強い性格の人が一人いて、ときどきほかのメンバーと衝突することがあった。少人数の組織で衝突が起きると、下手をすると空中分解を招きかねない。創業当時は、そんな危うさがあった。

しかし、そのメンバーの技術者としての実力は「余人をもって代えがたし」だったので、仕事上の信頼関係が揺らぐことはなかった。私は彼を受け入れ、ほかの社員とトラブルを起こさないようずいぶん細かく気を配って対処した。

彼のような個性の強い男を受け入れ、会社内で活かしてきた体験は、後の人材育成に数多くのヒントを与えてくれた。

中小企業は人の出入りが激しい。その中でワイエイシイは創業から一一年間、主力部隊ともいうべき技術者は一人も退職せず、私についてきてくれた。

創業メンバーのうち二名は、今もワイエイシイで働いてくれている。彼らとの絆は、私の人生の宝でもある。

経営者の仕事は考えること、社長の喜びは儲けること

企業のトップとは、社員の生活と人生を左右する重い責任を背負っている存在である。その責任を全うするために、常に何が正しいか、何をなすべきかを考え続けなけ

ればならない。その意味で、「トップとは、どんなときでも、何があっても考え続ける存在」といってもいいだろう。

あるとき、雑誌の取材で経営者観について聞かれたとき、私はこう答えた。

「自分は二四時間、いつも何かを考えています。頭の中にあるのは、儲けるためにはどうしたらいいか。どうすれば今より儲けられるのか、だけです。それで、どうにかしなければと思い続けていると、ふとしたときアイデアが頭に浮かぶ。扉が向こうから開くように、そうか、こういう方法があったのかという瞬間があります。自分のたどってきた跡を振りかえれば、不思議としか言いようのないことがいろいろあります。どうしてこんなことを思いついたのだろうと自分でも感心してしまうことがいっぱいあります」

製品を開発するときの設計者は、通勤の間も、家に帰って風呂に入っていても、二四時間考え続けるものだ。考えるという行為から頭が離れない状態になり、だからこそほんのわずかな隙間から解決の光が差し込んだ瞬間を間髪を入れずにキャッチできるわけだ。

発明家が思いがけないところで発明のヒントに気づいたり、科学者がふとしたことで法則を発見したなどというエピソードが多く残っているが、これは決して偶然などではない。深く考え抜いていたからこそ訪れた必然である。

経営者も同じだ。昼となく夜となく、経営について考え続けているからこそ、妙手が浮かぶのである。社長室で机に向かっているときだけいくら考えていても、いいアイデアなど決して浮かぶものではないのだ。

では、経営者の喜びとは何か。それは、儲けることである。たくさん儲けて、たくさんのボーナスを社員に払う。たくさん儲けて、たくさん税金を払い社会に貢献をする。経営者なら、ここに喜びを感じるべきである。

私はワイエイシイのグループ各社のトップにも、「経営者の最大の任務は損益に対する責任であり、結果がすべて」と、事あるごとに言い、そこに経営者としての喜びを感じてほしいと伝えている。それは、私がまとめた「社長の任務」の冒頭にも記してある。以下、その抜粋を掲げておこう。

「経営」とは、目標を定め、目標を達成するための戦略・戦術を作り、組織を通じで持続的に成果を上げることである。

(1) 基本条件（「究極の理念」の実現）

1. 最大の任務とは損益責任である
2. 年間一〇％を超える高い成長を目指し、かつ結果を得なければならない
3. 事業拡大に情熱・使命感・執念を常に持っている
4. 優秀な後継者の育成と、社員の成長
5. 公私混同は避けなければならない
6. 「究極の理念」をより多く果たす

(2) 日常的に意識的に実行すること

1. 一〇年後のビジョンに向かって
2. 事業の推進
3. 年度予算凌駕《りょうが》に向かっての重要なチェック項目と指示
4. 労務管理、全員経営を推進する職場の雰囲気の醸成
5. ガバナンス、コンプライアンス
6. 自己啓発

(3) 社長の資質

1. 仕事第一
2. 先見性、ロマンチスト
3. 情熱、使命感、執念
4. 自己に厳しい。公私混同しない
5. バランス感覚。ポジティブ。アグレッシブ。自己啓発
6. 決断力、行動力（スピード）、統率力（リーダーシップ）
7. 責任感が強く困難にも逃げない。胆力

量産新製品の投入を目指す

ワイエイシイはさらなる事業の拡大を目指しているが、事業規模を拡大する際のポイントとして、私は次の四点を挙げている。

・シェアの拡大
・差別化

・営業戦略
・新製品の創出

この中であえてワイエイシイが遅れている点を挙げるなら、四番目の潜在的なニーズを掘り起こし、新製品を創出するというところだ。

ワイエイシイは、発注者からのオーダーがあり、それに応え、満足していただける製品にして納品するという、受注型製造業だ。

日本の中小の製造業は圧倒的に受注型で、市場にダイレクトに製品を出している開発型製造業はきわめて少ない。

ワイエイシイも、自社で新たなものを開発し、市場に打って出た実績はほとんどないに等しい。

受注型製造業は、買い手が明確という安心感がある。しかし、規模も収益もいっそうの拡大を目指すのなら、マーケティングによって隠れたニーズを掘り起こし、そのニーズを満たす製品を開発して売り込んでいくというスタイルを創出しなければならない。

ある調査会社の提言にはこうあった。

「製造業が高い収益を上げるには、単にモノを作るというだけでなく、新しい製品の開発や製造・製法の研究を常に行う必要がある。高収益型製造業のベースとなるものは、収益を生み出すための研究開発にあるといってもいい」

ワイエイシイには、時代のニーズに遅れた苦い体験がある。二〇〇七年三月決算で過去最高売上の二二六億円を達成したときのことだ。

このときの高収益は、バーニッシャー装置によってもたらされた。バーニッシャー装置とは、ハードディスクドライブの中に組み込まれているディスクの表面を研磨する装置で、ハードディスクが存在する限り必要不可欠なものである。

ワイエイシイのバーニッシャー装置は、国内外の主要メーカーから高い支持を得て、世界市場の一〇〇%を独占している。

しかしハードディスクはフラッシュメモリに取って代わられ、売上は低迷している。このときの二二六億円という売上を突破するのは、リーマンショックのダメージはあったにせよ、M&A効果が表れた二〇一六年まで待たなければならなかった。

もしバーニッシャー装置が売れに売れているとき、時代を先取りした新しい製品を開発していれば、売上の落ち込みはそれほどではなかったはずである。これが私にとっては、大きな悔いと反省として残ることになった。

量産新製品の投入――。これはワイエイシイにとって喫緊《きっきん》の課題である。同じ図面を使って、数が出るものを作ることができれば、収益面で大きく有利に働く。そのための技術を磨き、市場ニーズを把握するマーケティングに力を入れ、新しいワイエイシイを模索していきたいと考えている。

この取り組みから日本の未来を拓く製品を開発し、日本はもとより世界に送り出す日が訪れることが、今の私の楽しみである。

来るべき第四次産業革命をチャンスに変える

最近、近い将来、早ければ二〇二五年には「第四次産業革命」が到来するといわれている。

第一次産業革命は、ワットの蒸気機関の発明を契機に起こり、手工業的工業生産を大規模工業生産に変えた。その後一九〇〇年代には、鉄鋼・機械・造船などの重工業、石油資源を利用した重化学工業部門での技術革新によって第二次産業革命が起き、二〇世紀半ばのコンピューターと原子力エネルギーを活用した第三次産業革命へと移ってきた。

第三次産業革命は、電気と石油と原子力が主役で、人間がコンピューターを駆使し生産機械を制御するモデルだった。

しかし第四次産業革命は、さまざまなモノがインターネットにつながり、それをAIが自動制御するようになるといわれている。

ワイエイシイは開発型企業として、自由な発想、確かな技術、柔軟な対応力を養っていかなければならないが、第四次産業革命の到来に備えて、パラダイムシフトも推進していかなければならない。

AI、IoT（Internet of Things）を活用しながら最適化することで、社会は従来とは別次元の効率化が実現されることになるだろう。経済産業省の試算によると、そのトータルな経済価値は日本経済の四倍もの規模になるそうだ。

二〇一七年の日本の名目GDPは五四六兆円であるが、第四次産業革命を柱とする政府の成長戦略では、二〇二〇年に名目GDPを六〇〇兆円に引き上げる目標を掲げている。

この産業構造の大変革に対応できないと、日本の企業は海外企業の下請けとなり、雇用は失われ、賃金も低下する恐れがある。どのように対応していけばよいのか、国は真剣に検討を重ねている最中だ。

プラットフォームの構築や第四次産業革命のコア技術となるＡＩ、ＩｏＴ、ロボット、ビッグデータなどを活用するには、莫大な投資を必要とする。資金力に乏しい中小企業がこれに対応するのは、ハードルの高い話である。

しかし、日本は国内企業の九割以上を中堅・中小が占める。中堅・中小の企業にとってもモノづくりの生産性を高めるには、これらのコア技術との連携は絶対的な条件となる。

産業構造や社会需要が変化するということは、新しいビジネスモデルが生まれるということで、企業にとっては勝負をするチャンスでもある。

勝利を引き出すビジネスモデルがどのようなものか、具体的なイメージは私にもまだない。

少子高齢化に伴う人口減少は、産業や暮らしのあり方を変化させる。しかし、私は人口減少も一つのチャンスととらえている。言い換えれば、わが国の歴史始まって以来初めて経験するこの現象を、成長のチャンスにしていかなければいけないと考えている。

マイナスの裏には必ずプラスの要素が隠れている。それが何であるかを看破し、ビジネスチャンスを生み出していくことこそが、われわれモノづくりに携わる経営者の使命である。

この先は、破壊と統合・再構築が一度に押し寄せる「革命の時代」になるのではないだろうか。

さまざまな価値観が沸き起こっては消えるだろうが、ワイエイシイが掲げる「より多く社会に貢献する」という理念は、普遍の価値と強さを持つと信じている。

だからこそワイエイシイホールディングスは、AI技術を得意とする企業も含めて、M&Aによってさらに異なる分野の企業を結集しようとしているのだ。

集結した各企業がそれぞれに専門的な技術を磨き、グループ内で横断的に技術を活用していけば、第四次産業革命の嵐の中でも隆々として成長していくことができる企業になると確信している。

もちろんその活動を展開しようとするのは、「より多く社会貢献するために」という「究極の理念」の実現のためであり、M＆Aを推進していこうというのもそのためであることは言うまでもない。

おわりに

一九七三年五月一一日、ワイエイシイ株式会社は、たった五人で東京都昭島市に誕生した。今年の五月で、創業四五周年を迎える。

四五年の間には、好景気もあったが、バブルの崩壊、ＩＴバブルの崩壊、リーマンショックなど、企業経営にとって大逆風が吹き荒れた時代もあった。

ワイエイシイもその影響を受け、赤字を計上したこともあったが、今振り返れば、おおむね順調な歩みであったと思う。

日本経済は、回復に向かっているとはいうが、明らかな実感が伴っておらず、相変わらず厳しさを訴える経営者が少なくない。

加えて、少子高齢化による労働者不足、働き方改革と、経営者にとって取り組むべき課題は山積している。

中小企業なくしては考えられない日本の産業界の将来を考えれば、とりわけ中小企業の事業承継は深刻な問題だ。それは単にその会社だけの問題ではなく、日本という国が解決に取り組まなければならない国家的な重要課題といってよいだろう。

今、創業四五年を迎え私が思うことは、これからのワイエイシイは以前にも増して日本の中小企業が抱える後継者問題、資金調達、技術の伝承などの解決に微力ながら手を差し伸べ、共に歩んでいこうということであり、その手法の一つがM&Aであることは本書で述べてきたとおりだ。

私が考えるM&Aは、力任せに企業を買収するような「乗っ取り」ではない。相手企業が抱える問題を解決し、その結果、ワイエイシイにも事業規模と売上の拡大が期待でき、双方がメリットを享受できる「WIN－WINのM&A」「共存共栄のM&A」である。

M&Aは、売り手か買い手、そのどちらかだけが得をするようではうまくいかない。男女の関係とよく似ていて、双方が惚れ合い、メリットを共有するものでなければ成立しない。たとえ成立したとしても、長続きしないだろう。

企業にとっては事業を継続し社会に貢献することも重要だが、企業としてのプライドを保つことも大切だ。

M&Aによってワイエイシイグループに入ってもらった後も、その会社のトップを交代させることはないし、社員の雇用を保障するのもそのためだ。というよりワイエイシイは、そもそも問題点がなくなれば隆々と伸びていく可能性を秘めた会社としかM&Aはしないので、M&A後に体制を変える必要がないのである。

その意味で、M&Aによってワイエイシイのグループ会社として共に歩むことに関しては、メリットこそあれデメリットはない。これが、今日まで多くのM&Aを推し進めてきた当事者としての実感である。

企業は「社会のもの」だから、事業の継続は「社会のもの」としての義務といってよい。事業の継続に関して解決すべき課題があるのなら、M&Aは「未来への扉から射す一条の光明」といえるのではないだろうか。私は、本書でこの点を中心に述べてきたつもりである。

本書が、企業の最前線で働く人たち、とりわけ株式の上場や社会の公器として自ら率いる企業をステップアップしたいと願う経営者にとって、「明日を考えるヒント」になれば望外の幸せである。

最後に、本書の刊行にお力添えいただいたすべての方に深く感謝申し上げ、筆をおくことにする。

二〇一八年四月吉日

ワイエイシイホールディングス株式会社代表取締役社長　百瀬武文

百瀬武文（ももせ　たけふみ）

長野県松本市出身。1973年5月、ワイエイシイ株式会社を設立、代表取締役社長に就任。

1994年6月、日本証券業協会に株式を店頭登録（現ジャスダック）。

2006年10月、東京証券取引市場第二部に上場。

2007年12月、東京証券取引市場第一部に指定される。

2017年4月、ワイエイシイ株式会社のホールディングス化に伴い、ワイエイシイホールディングス株式会社代表取締役社長に就任。

主な著書に『町工場的発想から脱却せよ』『「全員参加」の会社が成功する』（いずれも幻冬舎ルネッサンス）がある。

未上場企業への光明

「共存共栄型M&A」の時代が来た

2018年5月29日　第1版第1刷発行

著　者　百瀬武文

発行者　玉越直人

発行所　WAVE出版
〒102-0074　東京都千代田区九段南3-9-12
TEL 03-3261-3713　　FAX 03-3261-3823
振替 00100-7-366376
E-mail: info@wave-publishers.co.jp
http://www.wave-publishers.co.jp/

印刷・製本　萩原印刷

© Takefumi Momose 2018 Printed in Japan

落丁・乱丁本は小社送料負担にてお取りかえいたします。

本書の無断複写・複製・転載を禁じます。

ISBN978-4-86621-153-4
NDC335 191P 19cm